有趣的人
才有詩和遠方
蘇琴
著

前言

作家王小波說：「一輩子很長，要跟有趣的人在一起。」和有趣的人在一起，粗茶淡飯也好，韶華將盡也罷；和有趣的人在一起，一碟花生、一碗烈酒，可慰風塵、可溫喉。

那麼，我們怎樣才能成為一個有趣的人呢？

要想做個有趣的人，就要保持內心純真的部分，釋放自我，要跟別人不一樣。

楊絳先生曾經寫過不少關於錢鍾書的趣事，其中最有名的當屬《錢鍾書幫著自家貓咪打架》。有一次，自家貓咪半夜和別家的貓打起來了，錢鍾書怕自家貓咪吃虧，拿著根長竹竿，跑到院子裡幫著自家貓咪打架。

鄰居林徽因家裡的貓，經常被錢家的貓打得屁滾尿流。錢鍾書和鍾韓住在無錫留芳聲巷，那所房子有「凶宅」之稱。楊絳是最怕鬼的，鍾韓也怕，錢鍾書嚇唬他：「鬼來了！」鍾韓嚇得又叫又逃。這事兒讓錢鍾書樂了好一陣子。

我們每個人原本都是會傻笑的嬰孩，在兒時都有不受任何事物束縛的童心。小時候都會對貓狗打架這種事感興趣，甚至還會蹲下來觀戰，但長大了可能就習以為常了，因為這對你而言沒有任何的用處。

成年人的思維方式就是趨「功利化」，同時也是去「純真化」的，他們只考慮利弊，放棄生活的趣味。

有趣的人呢，他們會把人生看作一場有趣的旅途和遊戲，而不是競技場與名利場。他們不會和別人攀比，而是過好自己的生活，經營好自己。他們會去參加舞蹈課、繪畫班、插花課、品酒會、沙龍活動等有趣的活動。

正是因為這種做各種「無用」的事，他們才過得萬種風情，有趣有味，生活因此而長久新鮮。

想要成為一個有趣的人，還要保持童心，胸懷赤誠。還有一點，便是解放自我的身分，即不要固守身分標籤，要勇於做出格的事。

錢鍾書，「中國現代作家」「學者」「教授」……一大堆的光環在他頭上，可他卻能像小孩子一樣快樂。

「這不像錢鍾書那樣的大家該做的事吧？」也許你會這樣想。其實這是一種身分衝突所造成的美感，趣味由此發生，所以偶爾做點和身分不相符的事能讓你更有趣。

隨著時間的推移，我們對許多事物的感知會鈍化，對萬物習以為常。因此要想生活得更有樂趣，就不要用常規的眼光看待事物，保持一顆好奇的心。說白了，就是擺脫一種固定思維，跳出舊格局。

香港作詞人周耀輝是個很有趣的人，他出過一本小書，叫《7749》，裡面有很多充滿創意和趣味的小練習。比如「你試過一絲不掛地游泳嗎？」「你試過用舌尖舔十遍自己的掌心嗎？」「你試過被三十根指頭按摩頭顱嗎？」這些都是在他書中提出的關於感官的想像。

在《何苦推開石頭呢？》一篇中，他鼓勵你看一些你不常見到的地方，比如床下、櫃頂、牆角……

總之，不要用常規眼光看待事物，是使生活變得有趣的前提。一個人若是有趣，他的腦子裡必定常常裝著稀奇古怪的念頭，也不怎麼按常理出牌。比如，下雨了會漫步其中；下雪了他們會去雪地裡撒歡兒；下班了也許不會直接回家，而是騎著單車去城市的街頭巷尾尋找那些很有格調的小店；甚至看電影也不會去電影院，而是開著汽車去汽車影院……有趣的人看待身邊的事物，視角總是顯得與眾不同，有在蒼白的日子裡找到絢麗色彩的能力。

做個有趣的人，還要有幽默感。他能逗自己開心，也能逗別人開心，也要有自嘲自黑的心態。

也就是說做個性情中人，隨心而動，率性而為。自己本來是什麼樣的，表現出來就是什麼樣的。有什麼小缺陷，也不必掖著藏著，大大方方地說出來。趁著別人說出來之前，自己先黑自己一把，既表達了自己的個性，也能讓別人開懷大笑。

論自黑，誰都比不過高曉松，微博上曬了一堆「對世界充滿惡意」的自拍照。可這沒影響他的事業，反而吸來一堆的觀眾，評論欄裡紛紛高呼男神，這就是自黑的力量。他自黑了之後，沒招人討厭，反而覺得：咦，這胖子原來不但有才華，還有這麼有趣的一面呀。

總之，黑自己黑得漂亮，也是一門手藝。

你不妨在日後觀察一下那些你認為有趣的人，他們說話時，從來是把說出的話當作標槍投向自己。在你和他交流的過程中，他不經意地黑自己一下，又黑自己一下……你會發現他的坦誠與缺陷，不斷地靠近他，最後，好感油然而生。

因為我們都是不完美的，我們喜歡和那些具有幽默感又很真實的人在一起。

一個有趣的人還要擁有開放的心態，並且始終擁有好奇心和冒險精神。他們不狹隘、不封閉、不迷信，對未知事物充滿探究精神。

時下，在社交媒體上、在各種圈子裡，充斥著庸俗、低俗、粗俗的趣味，有趣看似簡單，但真正有趣的卻不多。一個有趣又知趣的人，必然深受大家歡迎。

只有你自己變得豐富和有趣了，才能與美好的一切相遇。

目錄

第三章 世界就像萬花筒，總能發現好玩的

第四章 有趣能讓自己開心，更能讓別人愉悅

第五章
有趣的人，字典裡沒有「冷場」二字

第六章
你識趣，別人才覺得你有趣

第七章 把每一天都過成詩

第八章 創造妙趣橫生的生活

第九章 勇敢去體驗，經歷是有趣的養料

第十章 做個有情趣的人

第一章 人可以無知，但絕不能無趣

1 人最大的悲哀是無聊

生活中，無聊的人總是喜歡一本正經。他們要麼總是板著一張臉；要麼一開口就是各種抱怨，各種負面言論，好像全世界都欠他的。這些人未必沒有才能、沒有地位，但是和他們在一起，總是讓人覺得不舒服。比如，有些人聊天只談明星八卦，他津津樂道誰和誰怎麼樣了，誰又出軌了、劈腿了、最近又有誰可能要出事；或者鄰居家的狗半夜亂叫，吵得他不得安睡，他已經不堪忍受；還有那個張大媽、李大嬸誰誰誰的侄女……

無趣的人，他們的生活總是缺乏激情，生活品質也很差。這種人渾渾噩噩一輩子，是無聊的、悲哀的。人只能活一次，要活得精彩。

有一個笑話：

一個想長壽的人問大夫，怎樣才能更加長壽。

大夫說，第一不許生氣；

他回答說，我從來不生氣，一輩子就沒大聲說過話。

大夫又說，第二不許吃酒；

他又回答說，我一輩子從不曾吃酒。

大夫又說，第三不許近女色；

他一臉自豪地說道，我這一輩子連老婆都沒有娶過，更何況女色。我希望知道的是，這些我都做到了，還應該注意什麼才能長壽？

大夫默默地看著他，意味深長地說道：作為一個男人，你既不喝酒，又沒脾氣，還不近女色，那你活這麼長幹嘛？

人活著為什麼？活著的意義是什麼？長壽很重要，但你要活得精彩，長壽不長壽就不重要了。

如果一個二三十歲的年輕人像七八十歲的老人一樣，安逸地過著日子，那跟鹹魚沒什麼區別。因此希望我們都能拉起自己的警戒線，遠離人生的悲哀，讓我們的生命充滿正能量，且散發出耀眼的光芒。

只有將自己活得豐盛、活得自在、活得有趣的人，才不枉此生。

來人間一趟，就算最後不能埋在太陽下，也不能被無聊埋葬。就算被別人當作一個怪物、一個瘋子、一個智障都沒關係，反正和這個世界不一樣就對了。

如果一個四十歲的人覺得跳進泥溝有趣，那我們為什麼一定說人家就是有病？

「你是一個成年人，成年人是不會那麼幹的！」成年人就像一個範本，漸漸成為讓我們的人生變得無聊的「幕後黑手」。

沒錯，現實生活中，很多人感嘆「人生不如意十之八九」這樣的話，搞得好像自己沒活好都是人生的錯。這些人身處生活的污泥當中，雖不甘心，卻畏首畏尾，過著無聊平庸的生活。

我們不能對無聊妥協，要學會經營自己的生活，讓自己變得有趣。

想大口吃「碳水化合物」的時候不要去考慮什麼健身房；在橘子上畫畫、在房間建堡壘、想在四十歲的時候還躺在浴缸裡玩小鴨子……如果你覺得這些事情很有趣，那就去做吧！

當然，每個人對於「無聊」的定義不同，對於「有趣」的定義也不一樣，不同目的地的人各自奔跑，雙方不必妥協，有可能只是大家都和這個世界不一樣。

總之，只要生活有趣就好。

南非作家、諾貝爾文學獎得主 J・M・庫切（J.M.Coetzee）說過，你內心肯定有某種火焰，能把你和其他人區別開來。願大家心中都有這種火焰。

2 為什麼你有房有車，卻還單身

不知從什麼時候起，社會上就開始流行著這樣一個觀念：如果一個男人沒有房子和車子，就不配擁有幸福美好的愛情。即便這種現象真的存在，但一個男人若認為有了房和車就能有愛情，那就大錯特錯了。

事實上有了房子和車子，仍然找不到女朋友的大有人在。而這些在婚戀市場上受挫的男性，一部分會選擇繼續走在相親的路上，直到撿個漏；一部分人指責女孩拜金，然後更加努力掙錢；一部分人則會開始思考這是為什麼。

其實，稍微動一下腦筋就能夠明白，物質並不是愛情的唯一條件。如果你企圖用物質去吸引女孩，那麼吸引到的也只是沒有頭腦的拜金女。

電視上的肥皂劇放大了男人們的焦慮，導致很多人把精力放在物質條件上。不錯，物質是愛情和婚姻的基本條件，的確重要，但無疑不是關鍵的，物質解決不了一切，最關鍵的還是人本身。說白了，就是你是個什麼樣的人，別人對你感不感興趣。

一個內心貧乏至極的人，就算條件再好，也是沒有任何吸引力的。

現在很多女孩週末在幹嘛？很多都在學習一些畫畫、插畫、烘焙等帶點藝術性的東西。她們喜歡去嘗試新鮮的東西，學習新的知識。

這些技能或許暫時不能謀生，但是可以豐富自己的生活、開拓自己的眼界、提升自己的品味。不說昇華了人生，至少讓自己有趣一點、有品味一點。可是男生如果在這方面匹配不上，就算你有房有車，女生一想到要和這樣無趣的人過一輩子，想想都害怕，那還是單著吧，或許還有更好的呢。

這就是為什麼錢鍾書和楊絳的愛情為世人稱道的原因，錢鍾書是個大作家，學富五車，可是楊絳也是翻譯家、作家。她能給錢鍾書很多別人給不了的東西，他們很般配，這就是門當戶對的愛情。沒有誰高誰低，自然也能幸福長久了。

所以現在單身的男性，要記住這些前車之鑑，看到前人失敗的案例，這些都是血淋淋的教訓。

你還年輕，你還有很多時間，你還有幹勁和激情。不要總是把眼光盯在升職加薪、買車買房上，去關注生活本身。所有人都生存著，但每個人的生活方式不一樣，你的生活方式會體現出你的個性和魅力。

提升自己，做個有趣的人，你會吸引到你喜歡的人。

如果你覺得自己還不夠好，沒有吸引異性的魅力，可以從以下幾個方面提升自己：

✿ 提升自己的吸引力

一個人的吸引力不只是靠長相。穿著整潔、搭配合理、乾淨清新、髮型適合等都是視覺魅力的體現，現在就開始打理自己吧！

✿ 懂得生活情調

這個是屬於昇華級別的了，擁有基本的物質條件，算是一個好男人，如果還能再加上一些情調，那麼你就趨近完美了。懂得生活情調的男人，無論是工作還是生活，抑或是戀愛與交友，都會左右逢源。

✿注意說話的技巧

在說話的技巧中，我們要明白換位思考、察言觀色、學會傾聽。和談話的目標交流時，我們要考慮對方當時的想法和目的性，隨時掌握彼此共鳴的機會。在交流過程中，認真觀察每個人的面部表情和眼神，如果不對，立即調整交流內容，活躍氣氛。記住，適當的時候要給對方一個微笑。

3 為什麼大家都喜歡豬八戒

曾經，有一家雜誌以《西遊記》中的四位主人公為對象做了一次問卷調查。結果讓人想不到的是——百分之八十的女生樂意嫁給豬八戒，百分之十的女生想嫁給唐僧，只有不足百分之二的女生願意嫁給孫悟空，選擇沙僧的更是寥寥無幾。

豬八戒的聰明才智、幽默有趣值得欣賞。

貪吃、貪睡、貪財、貪色、自私自利、常鬧散夥、本事平平、長相奇醜的豬八戒，為何成了女性眼中「最喜歡的那個人」？

讓我們先來分析一下《西遊記》裡的師徒四人的性格特點。

唐僧意志堅定，專心搞事業，很讓人佩服。但他的缺點是太死板，這會讓女孩子們很反感。

一個大男人，他不敢大大方方地看女人，你說他心裡沒異性這個概念吧，悟空每次打殺美女妖精，他又橫推豎擋不讓；你說他動了凡心吧，他又擺出一副正人君子的架子。像這種把自己熬得很苦、想愛不敢愛、遮遮掩掩的人，就有點太死板了，很沒意思，沒有人會喜歡，當然沒人願意跟他生活在一塊啊。

孫悟空能力很強，是絕對靠本事吃飯的角兒。但也很張狂，盛氣凌人，不能平等待人。他有英雄氣概，這讓人敬仰。但他仰慣了的脖子，放任自流的性格和暴躁的脾氣，會嚇到一些女性。

你看他遇到的幾個向他表達愛慕的女人，他是怎麼對待人家的？要麼很傲然，要麼很浮誇。另外，他只懂得打打殺殺，不懂生活，無趣得很。如此這般，和他生活在一起的女性還有什麼幸福可言？

沙僧是個老實本分的人。他的形象不佳，人也木訥、乏味。他的優點就是老實，他的缺點就是太老實；他的優點就是不折騰，他的缺點就是缺少浪漫的色彩和情調。誰和他在一起，鬱悶！除了日出而作，日落而息，還能有什麼樂趣可言？

人活著不光是為了吃口飯呀，要活得有詩意一點、有色彩一點、有情趣一點，味道才足一些。如果男女在一起，死氣沉沉，機械重複，為活著而工作，為工作而活著，生活還有什麼意思呀！

反觀豬八戒，他很有趣很有幽默感，並且有一定的本事。討女人歡心的具體行動也有一些，是個能幹事、能惹事、能損事，也能成事的男人。他的情感很豐富，喜歡上了誰，能付諸行動。為了得到心上人，賣苦力討好也行、低聲下氣也行、受人侮辱打罵也行。他敢作敢為，從不掩飾自己的真實想法。

當然，八戒還有兩個缺點：一個是懶惰；一個是花心。如果他能克服這兩點毛病，就是女孩子心裡的白馬王子了。

綜上，四個人比來比去，大多數女孩們還是會選豬八戒。唐僧固執虛偽；悟空放肆高傲；沙僧老實機械；唯豬八戒活得有滋有味，更加有趣一些。換種說法，不是八戒多出色，而是他有趣。

有生活情趣的男人更有吸引力。

有句話說得好，當一個男人變得有趣，生活變得有品質，哪怕是身高一五八，也照樣追到女孩。

很多時候，失意者們的最大的問題並不在於他們沒錢、長得不帥、拿不出手、沒有優點，而是自身太過於匱乏。

一個能力強、事業有成的男人，應該是很受女生歡迎的，除非他是個木訥無趣的棒槌。所以說，你要懂得以恰當的方式去和女生相處，展現出你有趣的一面，讓女生發自內心的被你吸引。

做一個懂生活、會生活的人。

你要學會用恰當的方式，努力讓自己變得有趣，然後把你身上的這些優點展示給女生。吸引又可以分為外在吸引和內在吸引：外在吸引很簡單，就是你的外形、經濟條件、社會地位、工作、收入、教育背景等等；而內在吸引則是你的才華、思想內涵、精神價值、人生閱歷、讀書感悟、電影、旅行、廚藝、文學等。

女生喜歡一個男人就是被男人身上的優點和品質所吸引，與你對她好不好沒有任何直接的聯繫。所以，不要覺得自己沒有足夠優越的條件，就不能夠吸引女生的注意，要懂得用正確的方式去展示自己。

試想一下，如果你是一個很老實的木訥人。和女生在一起的時候很緊張，行為上也非常的拘謹，情緒上始終就是一潭死水，泛不起任何一絲漣漪，那女生她怎麼可能喜歡上你呢？當你向她表白的時候，她只能給你發好人卡。

其實吸引女生並不困難，就是聊一些開心的、有意思的事情讓女生覺得你是一個挺幽默風趣的男生，而不是一個木訥的棒槌就夠了。

4 當你變得有趣，生命才開始對你感興趣

生活中，總是有些人經常抱怨自己不開心，生活無趣、死氣沉沉、百無聊賴，但又不找些事情讓自己的生活變得有趣起來。

《約翰・克利斯朵夫》裡有一段話：「大半的人在二十歲或三十歲時就死了。一過這個年齡，他們只變了自己的影子。以後的生命不過是用來模仿自己，把以前所說的、所做的、所想的，一天天的重複，而且重複的方式越來越機械，越來越循規蹈矩。」

想改變這樣的現狀——唯有轉變自己的思維，讓自己的心智覺醒。麻木的

生活根本不是真正的生活，僅是為生存而努力。

哲學家周國平說：「覺醒是人人可以開發和擁有的力量，也是人生最根本和最重要的力量。生命的覺醒，讓我們懂得除了財富、權力、地位、名聲之外，什麼才是一個人生命中最單純的快樂。」

敞開心扉，重新喚醒你的好奇心，去探尋自己感興趣的事物。

在成長過程中、在受教育的過程中、在環境的影響下，有些東西潛移默化、根植於心，讓我們變得越來越平庸、越來越無趣。

覺醒就是要重新喚醒你自己的好奇心，開始提問和思考，漸漸去探尋自己感興趣的事物的奧秘。強扭的瓜不甜，唯有自己敞開心扉，全身心地投入，讓自己變得有趣的時候，生命才開始對你感興趣。

尋找那些不能夠被滿足的深層興趣。

仔細想一想，我人生中最不快樂的時光，又是什麼時候？是否跟金錢有關？是生活無聊，還是你無趣？

快樂與不快樂，似乎都與金錢沒有太大關聯。對於金錢，不必那麼執念深重。有錢固然好，但是錢就一定能買來快樂嗎？未必。沒有經濟的煩惱，還有其他的煩惱。而一個開心的人，會想方設法讓自己的生活有意思一點，也總會看到生活中開心的一面。

是生命無聊，還是你無趣？

有趣之人，生命開始對你感興趣。帶著關愛而不是期待投入生活，你會發現能力與樂趣接踵而來。

所以，你成為一個有趣的人，生命才會變得有趣。日子過得沒意思？生活過得好無聊？有沒有想過，是你自己本身沒有找到讓自己感興趣的事、一個永遠不能被滿足的興趣。

天天學習的熱誠，則是能讓人永駐青春的生活方式。

美國有一個老奶奶凱西，她對水彩畫非常感興趣，手繪了好多漂亮的圖片。讓人看了之後感嘆，熱愛生活的人，永遠是美好的。即使人到暮年，仍然保持著對生命的那分熱忱，你活得美好，你的人生就是美好；你活得無聊，你的人生就是無聊。你還有什麼資格感嘆生命無趣？

曾任美國衛生部部長，推動美國老人醫療保險的約翰‧加德納給感到無聊的我們，提供了簡單的願景：不斷地感到有趣。在一個廣為流傳的麥肯錫演講中，他說：每個人都想要成為有趣的人，但是真正能滋潤、賦予你生命的是不斷地感到有趣。

這種滋潤指的是內在的青春永駐，是個很有理想性的想法。的確，這很困難，畢竟要每天在規律的生活中不斷發現興趣。而且，當你能夠有個對任何事物都感興趣的心態，自然而然就能散發快樂和熱情，滋潤自己，不需假裝自己很有能量。當你對人生感到有興趣，你必然會成為有趣的人。

約翰‧加德納特別對年輕、有才能的麥肯錫顧問強調，他不光只是在講野心，因為野心最終會、也最好需要消磨掉。但是不斷感興趣的熱誠、態度則能不斷保持著。也就是說，野心只是下一個里程碑、過眼雲煙，而天天學習的熱誠則是能讓人永駐青春的生活方式。

我們最好的狀態是每時每刻都在成長，比如天天都鍛煉，會讓身體越來越好，這就是增值；比如現在有一個困惑，就要想方設法弄明白，豁然開朗的時候，一切付出都覺得值了；比如玩遊戲，就玩出競技水準，進而獲得更多的資源。

要保持一個學習的狀態，如果你一直在學東西，就是快樂的。學玩遊戲時，什麼都不懂，你也感到非常快樂；聽朋友指點，你是快樂的；跑步時比昨天多跑了一圈，你是快樂的……

5　試著把照片倒過來，換個角度有驚喜

之前，網上流傳了一組很神奇的照片：正著看是滿面滄桑的老太，倒著看

是如花似玉的少女；正著看是邋遢的老頭，倒過來看則是優雅的公主。倒過來看，居然藏了一個神奇的世界！

把照片倒過來看看，你就會發現一切變得更美好。生活中遇到的困難，不妨也換個角度、逆向思維，說不定就柳暗花明了，你也會收穫更多快樂！

歷史上，我們很熟悉的「司馬光砸缸」，就是非常有名的逆向思維的運用。

如果有人落水，常規的思維模式是「救人離水」。而司馬光面對緊急險情，運用了逆向思維，果斷地用石頭把缸砸破，「讓水離人」救了小夥伴的性命。

說到逆向思維，逆向思維是什麼呢？是對司空見慣的似乎已成定論的事物和觀點反過來思考的一種思維方式。這種思維很多人知道，但是運用卻很少。

下面是一句非常典型的逆向思維諺語，相信大家都應該聽到過。

農夫諺語——我想知道我將來會死在哪裡？那我就不去了！

提到逆向思維，就不得不提美國投資家查理芒格了，他是個很有意思的投資家，也是巴菲特的投資智囊和最佳搭檔，他是個一生都在研究以後會死在哪裡的人。

他的思維方式往往反著來，我們總喜歡尋找一些成功的案例進行分析，他卻背道而馳。喜歡分析那些失敗的案例，尋找一些蛛絲馬跡，不讓自己犯下諸如此類的錯誤。

有人問查理芒格：如何找到一位優秀的伴侶？

他回答：首先你要成為一個優秀的人，因為優秀的伴侶並不是傻瓜。

事實的確如此，你將自己經營成一個能配得上對方的人，所謂良禽擇木而棲就是這個道理。

有一家人決定搬進城裡，於是去租房子。全家三口——夫妻兩個和一個五歲的孩子。

他們跑了一天，直到傍晚才好不容易看到一張公寓出租的廣告，他們趕緊跑去，房子出乎意料的好，於是，前去敲門詢問。

這時，溫和的房東出來，對這三位客人從上到下地打量了一番。

丈夫鼓起勇氣問道：「這房屋出租嗎？」

房東遺憾地說：「啊，實在對不起，公寓不租給帶孩子的租客。」

丈夫和妻子聽了，一時不知如何是好，於是，他們默默地走開了。

那五歲的孩子，把事情的經過從頭至尾都看在眼裡，可愛的心靈在想：真的就沒辦法了？他的小手又去敲房東的大門。

門開了，房東又出來了。這孩子精神抖擻地說：「老爺爺，這個房子我租了，我沒有孩子，我只帶來兩個大人。」

房東聽了之後，高聲笑了起來，決定把房子租給他們住。

其實生活中讓人困惑的事情不勝枚舉，但是利用逆向思維考慮，又覺得也沒有想像中那麼不堪，換個角度來想事情，或許就柳暗花明了。

到這裡，你是不是瞭解逆向思維的意思了，那麼就在生活中多多運用，相信擁有逆向思維的人，一定也會是個有趣的人。

下面是逆向思維的幾種主要類型和使用方法：

✿反轉型逆向思維法

這種方法是指從已知事物的相反方向進行思考，產生發明構思的途徑。

比如：市場上出售的無煙煎魚鍋，就是把原有的煎魚鍋的熱源由鍋的下面安裝到鍋的上面。這就是利用逆向思維對結構進行反轉思考的產物。

✿轉換型逆向思維法

這是指在研究問題的時候，由於解決這一問題的手段受阻，而轉換成另一種手段或者思考角度，以利於問題的解決。

✿缺點逆向思維法

這是一種利用事物的缺點，將缺點變為可利用的東西，化被動為主動，化不利為有利的一種思維方法。

比如：金屬腐蝕對我們沒有好處，但利用金屬腐蝕的原理進行金屬粉末的生產或者電鍍，就是缺點逆向思維的一種應用。

缺陷，在尋常人眼中往往是難以接受的，但尺有所短寸有所長，只要善於發現兩者的最佳結合點，就能化腐朽為神奇。

6 告別循規蹈矩，讓平庸無聊的事情趣味橫生

我們常常會心血來潮做一些事情，比如買個烤箱做蛋糕、學習烹飪、晚上去社區廣場跳繩、週末去練瑜伽、去健身房做力量訓練……剛開始興致勃勃，但很快就覺得太枯燥了，然後就是厭倦、放棄。其實，並不是這些事情本身無聊，而是我們沒有從中找到樂趣。

有趣的人不同，即便是那些我們想想就覺得沒勁的事情，比如背單詞、寫代碼、寫作、讀書、跑步等等，他們也能別出新意，找到背後生動豔麗的色彩。

「腦洞大」的人都是怎麼跑步的？

在很多人看來，跑步是一項非常好的運動，可是單純機械的運動難免有些枯燥，讓人難以堅持。如何讓跑步變得有創意又有樂趣呢？

人們在長年的生活經歷中，總會形成一些思維定式，而有些思維定式給我們造成了束縛和視野的狹隘。

在生活中，跑步總覺得是有些枯燥的，遠距離長跑更讓人敬而遠之。可實際上只要打破常規，它也能玩出花樣、玩出樂趣。用跑步軟體跑出各種圖形大集合的方法，就賦予了跑步一種全新的時尚樂趣。

我們在日常生活中，也常被思維禁錮所惱。有時候憑自己的經驗和想當然看待事情，就像給自己戴上了一副有色眼鏡，使所看到的世界改變了顏色，在不知不覺中情緒被左右，行為被支配，造成了不必要的束縛。

為什麼有的人開心快樂，有的人抑鬱傷心，重要原因之一是自我的思維定式在作祟。改變一下自己的思維定式，就能改變我們的生活。

一點點改變，就會有大差別。

生活的道路總是曲曲折折、坎坷不斷的。這時候，就需要我們改變一下，發揮自己的想像力，讓枯燥的生活變得歡樂有趣。

你可以利用以下幾招，告別循規蹈矩的生活。

✿聽聽音樂

聽一些令人振奮和激動人心的音樂。當你開始感到自己手頭正在做的事情枯燥的時候，不妨哼一首自己喜歡的歌曲，讓自己的動作隨著歌的節奏「顫動」起來。

✿在你喜歡的事情上傾注熱情

你是不是覺得每天都在重複同樣的事情，生活得循規蹈矩呢？那麼，培養一個新的愛好，它可以給你日常平淡的生活增添趣味，還可以學到新的技能，每天都會充滿從事新的愛好或是展望新愛好的期待。

培養一個新的愛好，還可以將你富餘的無聊時間轉化成有趣的經歷，也可以放鬆心理壓力。不要約束自己，放開來去培養一個新的愛好吧。

✿開發你的藝術細胞

想不想去學素描、彩繪，或者是專業攝影？美術攝影會改變你看這個世界的方式，讓你的每一天都過得有趣。寫一首詩、一個短劇，或是一篇小小說，沉浸在文學創作中，抒發你的感情。你不一定要成為大作家，也能感受到文字表達之美，體驗豐富的人性情感。

✿學一項新技能

挑選一樣新的技能開始學習總是很有趣的，不管你是學習編織、學外語，還是學習修理汽車。

✿打開「腦洞」，培養自己的想像力

有什麼奇思妙想，就不斷挖掘、不斷去想，哪怕只是片段，可以的話就寫下來，把所有固化思維拋掉，只留邏輯，不斷讓自己在各種想法中找到線索，然後想出故事，做一個天生的做夢者。

✿跳出熟悉的生活軌道

另一個可以讓自己的生活有趣的方法，是跳出你熟悉的生活軌道，來點新鮮感。找一個機會，不要去做你每天都重複做的事情，而去做你完全沒想到自己會去做的事情，不管看起來有多蠢，或是與你的性格有多麼不符。

✿ 跟大自然溝通

如果你平常老是宅在家裡，試一試花一個下午的時間來一次遠足，或是一次短途的登山，在這個過程中，你會驚奇地發現有很多快樂。

✿ 做一些你不喜歡或者從來沒做過的事情

比如，看一場你不喜歡看的電影。不管你認為這個電影有多麼愚蠢，只要對你來說有全新的體驗和感受，就一定會有快樂的時光。

還可以點一些你平常根本就不碰的飲食。你會發現味蕾的全新感受，也會帶給你奇妙的快樂感覺。

7 敞開心扉，擁抱那些好玩又有趣的新事物

經常會聽到有人說無聊，上班好無聊、下班後回到家好無聊、週末又好

無聊……

我們和朋友聊天，經常聽見：哎呀，好無聊！無聊的工作、會議、方案、作業……

請問你一周感覺到了幾次無聊？無聊的時候，你會做什麼來解決你的無聊？是開始刷各種社群媒體、看新聞、看韓劇，還是上網看文章？甚至，去谷哥搜尋好無聊能幹嘛？

這個世界上，有錢和好看的人太多了，有趣的人卻太少了。物以稀為貴，所以無趣的人就變多了。

其實，一個人是有趣還是無趣，就要看他面對新事物的態度了。

無聊的人一般都抱有這樣一種態度：因循守舊，不歡迎新事物；安於現狀，故步自封，討厭新事物；唯我獨尊，排斥新事物；缺乏活力，思想僵硬，反對新事物。

而有趣的人則是敞開心扉，擁抱未來；歡迎新事物，接納新事物；甩掉包袱，輕裝前進，追趕新事物。

那些對事物有確定鮮明的看法，而不是模稜兩可、和稀泥，有定見的同時也保持開放的心態，願意不斷接受新知識挑戰的人肯定是有趣的人。而那些無趣的人，內心狹隘，對事情只有刻板的印象，即便語言上能夠開開玩笑，也是相當保守，這類人註定是無聊的人。

想要生活得更加美好，一味拒絕新事物無疑是個愚蠢的決定。

動畫短片《三個發明家》講述了這樣一個故事。

很久以前，在一幢房子裡，住著三個發明家，男發明家、女發明家和小女孩發明家。

他們都很有天賦，每天致力於製造各種有趣的機械發明。他們走路時，腳底就是兩個輪子，疾步如飛，非常好玩。

男發明家發明了一個隨風飛行的熱氣球，它的上方是氫氣球，下方類似於小船與天鵝。在空中起飛時，不僅可以隨風飄動，還可以划動「船槳」掌握方向。

他坐在氫氣球上，吸引眾多鳥兒前來祝賀，翩翩起舞。當他開始往地上飛，向人們展示這一個新發明時，人們都被這個新事物嚇得躲了起來，直到氫氣球安全著陸。

就在男發明家從熱氣球上下來的那一瞬間，嚇壞了的人們一擁而上，砸爛了他的發明。

而女發明家創造出了精巧實用的紡織機。她非常高興，於是準備喊其他的人一起來看。織布機齒輪轉動，井然有序，緊接著，一匹有花紋的布料迅速誕生了，眾人看得目瞪口呆。

女發明家織了另一種花紋的布，這時候，小孩子從梯子上摔下來，驚動了她，她趕緊回房間去抱孩子。當她回到織布機前的時候，發現織布機已經被那幾個女人毀壞了，連同剛織出來的布也被撕爛了。

小女孩發明出了一個發條玩具，出門準備找人一起玩，看到有人在玩扔球的遊戲，她也很想加入，於是，就把玩具上了發條，玩具小鳥飛快地向兩個小姑娘跑去，她們被嚇到了，慌忙地逃回家中，然後在門口，憤怒地踩扁了小女孩發明家的新發明。

這些有趣的發明，遭受到了當地人各種反對和不被理解，最後發明家們被燒死，人們又日復一日地過回了原來那種無聊的生活。

在結尾處注明這一切僅僅是在拍電影，但主人公因為偏見而遭受的種種災難也引發眾人深思：何不敞開心扉，勇敢接受那些有趣的新鮮事物呢？

雖然這個例子有些極端，但是試想一下，如果居民們接受了男發明家，人們會看到許多天空的美好；接受了女發明家，女人們可以更快更好地編織出美麗的布匹；接受了小女孩發明家，孩子們會收穫到更多的快樂，生活將因此變得更加有趣更加美好。

得到新東西的想法對很多人來說既興奮又有吸引力。然而，這種對新奇的愛好，有時強烈到我們認為這就是我們渴望得到的東西，而這掩蓋了一個事實：我們的第一直覺往往非常謹慎。

社會在不斷發展，我們的生活正在一日千里地向前發展，而越來越多的新生事物，也在不斷地刺激著我們的眼球，衝擊著我們的生活。

在面對快速發展的社會和形形色色的新事物時，有些人會選擇接受，而有些人則選擇了拒絕和逃避。然而，想要生活得更加美好，一味拒絕新事物無疑是個愚蠢的決定。

多多去嘗試那些有趣又好玩的新事物，你就會成為那個有趣的人。

世界很大、很美好，我們要多多去嘗試那些有趣又好玩的新事物！其實你只要稍加改變，就會發現生活處處皆美好。

你是否會在不知不覺中陷入這樣的場景：當朋友向你推薦一個新型手機時，你一點也不感興趣，以至於當大家都樂在其中時，你還懵懵懂懂地不知所措；當單位推行一個簡便易行的工作方法時，很多人都躍躍欲試，並深得精髓。而你卻在潛意識裡拒絕改變，還希望回到原來的工作方式上……

也許有時是因為你沒有心情、有時是不屑一顧、而有時真的是慢了一拍，總之最後的結果是你拒絕了新事物，成了落伍的一員。

這並不代表你高人一等或鶴立雞群，而只能說明你對新事物一點也不敏感，更不感興趣。這不但會讓你逐漸脫離主流，更會使你陷入極其被動的狀態之中。永遠慢別人一拍，甚至受到別人的主宰，一旦形成這樣的局勢，生活如何變得美好？

因此，當生活開始感覺陳舊乏味時，我們為何不敞開心扉，去擁抱那些好玩又有趣的新事物呢？

在看似無聊的事情中，尋找到讓你感興趣的事情。

如果你能在那些看似無聊的事情中，尋找到讓你感興趣和充電的事情。相信有一天，你不再會說：我好無聊，而將會是一個時時感到有趣的人。

那要怎樣發現那些讓你感興趣和充電的事情呢？下面是不再無聊，讓心態青春永駐的秘訣：

✿自助旅行

當你去自助旅行時，要做些功課，知道該期待什麼，旅遊途中也會不斷地擁抱學習機會。即使旅館的品質不好或是發生意料之外的事情，你不會怨天尤人，而會自立面對結果。而且之後談起這段旅程，你會更加的興奮分享你所看所學的事情。

相反地，很容易聽到對旅行社安排的行程不滿。

或許這是因為選擇跟團旅行的人，對這趟旅行沒有產生興趣，而不會主動安排。你的旅行是別人安排好的，你不知道該期待什麼，只是聽著導遊的故事，不會想要創造學習機會。一旦有不如預期的事發生，就容易抱怨旅行社、導遊。就算是輕鬆遊玩也無法感受到豐富的樂趣，即便各個名勝都去了，旅程中的回憶會稍嫌薄弱。

✿主動學習

如果人生是段長跑，野心就像是小段賽事中的獎盃，不斷感興趣的熱忱就像每天要吃新鮮早餐的習慣一樣。

每個賽事的獎盃，確實能督促你往前跑，但獎賞需要奔跑完才能得到。而且在奔跑的時候不見得能實質地滋養人，當得到了獎盃，觀賞一陣子後，還得想出另一個獎盃作為新的目標。

可是有個每天吃新鮮早餐的習慣時，不僅每天會期待明天的早餐，更會每天因為品嘗了早餐而心滿意足，帶給你動力奔跑。

這個新鮮的早餐就是不斷學習。

雖然不斷學習的熱誠能夠滋潤內在、讓人生變得很有趣，但是要養成這樣的心態和習慣，比昂貴的保養品更不容易得到。因為人生的確苦悶，每個階段都有新的挑戰、瑣事、解決不了的事，排山倒海地壓著我們。

約翰・加德納說，「許多人只是反覆做一樣的事，我不是在批評他們。人生很苦，光是持續做件事就是個很有勇氣的行為。但是我的確擔心男人、女人沒有發揮他們的潛力。」

從另一個角度來想，就算我們選擇不要主動學習，苦悶的事情也不會減少。而且停止學習的代價很高。還記得那些人生時鐘已經停止運轉的人嗎？他們就是停止了學習，沒有發揮潛力。那不是永駐青春，而是留在過去。

每個年紀都該繼續讓自己的人生時鐘轉動，繼續學習的熱忱更沒有年齡限制。

約翰・加德納說過：「有個迷思是只有年輕人需要學習。但是俗諺說，只有你懂了所有事情後所學的，那才算數。中年是很棒很棒的學習時間，即使是過了中年，也是如此。我在七十七歲時有了新的工作，我還在學習中。」

在你努力培養出吃早餐的習慣前，要先品嘗下新鮮的早餐。同樣的，要培養出日日更新、天天感興趣的熱忱之前，你要重新品嘗學習的滋味。

✿認識不一樣的人、結交新的朋友

認識新的朋友除了經由朋友介紹、工作環境中的等，也可以主動出擊去參加會議，認識其他有學習動力的人。想成為厲害的人，先認識厲害的朋友。

這種會議不僅能有教育性質，也能讓你在校園和職場外，認識其他想提升自我的朋友。

✿走出舒適區，去擁抱新事物

當生活開始感覺陳舊乏味時，請去擁抱新事物。當你不確定自己想要什麼時，請去擁抱新事物。當你感到困於工作或感情關係中時，請去擁抱新事物。

這並非一條輕鬆道路，所以如果你更喜歡安全的玩法，寧願堅守自己當前的舒適地帶，就請不要使用這種啟發式方法。但若你想去學習、成長，變得更加聰明，那麼擁抱新事物就可以作為一種強大的途徑，供你從停滯狀態抽身而出，向前行進。

擁抱新事物不是火箭科學，除非你想去拜訪一個新的星球。它就是一個簡單建議，讓你去勇敢探索自己未曾嘗試、未曾檢驗、未曾知曉的事物。

很多時候你仍可保留舊的事物，把自己的舒適地帶作為大本營使用。當你需在探索間獲得休息時便可返回其中，但最終你可能發現探索地帶會成為自己新的舒適地帶。你也許開始在成長和改變的大路上感到更輕鬆自在，而非只在自己最喜歡的旅館裡覺得舒心愜意。

若能正面面對自己的無聊，不僅不再無聊，不再如同條件反射般的上網、看電視，也不會唉聲嘆氣。做個夢——夢想著你每一天都會借著學習感到有趣和新鮮。在看似無聊的事情中，尋找到讓你感興趣和充電的事情。

8 有趣的人，從不刻意討好任何人

討好每一個人是不可能的，也是沒有必要的。刻意地去討好一個人反而會讓人覺得你很勢利、很無趣，甚至會遭到對方的厭惡。如果你對所有人都很好，哪怕是犧牲了時間，自己受了委屈也覺得無所謂，它只會讓你感覺到生活的壓抑，長久下去不是一件多麼好的事情。

有趣的人，無論任何事都不會想著讓每個人都開心。因為每個人看待事情的角度都是不同的，為了取得別人的支持，你可以儘量遷就別人，但是也要有個度，過分地諂媚，你不會得到別人對你的認可，反而會成為無聊的馬屁精。

只有不隨意討好他人，才能吸引喜歡你的人。

人和人的相處，真的是一種藝術，或者是一生中最重要的學問。這其中有一點很重要，那就是要始終保持一種無所求的心理，不要去苛求對方，保持自己的獨立思想！雙方都不要過度地迎合對方，作為獨立的個體都有自己的想法，這樣的關係才是平衡的、長久的。

很多人關係越搞越乏味，就是有一方太過於討好另一方了，這是造成翻臉的原因。

而做到不迎合就要有自己的獨立意識，形成獨立人格。成為一個獨立的人，不畏懼來自他人的反對，不去迎合任何人，有趣的人往往都是具有獨立思想的人，他們會按照自己的想法做事，創造精彩的人生。

從不刻意討好所有人的你才如此迷人。

魏晉時期，「竹林七賢」之一的嵇康曠達狂放，超然物外的自在，不為世俗所拘，而又重情誼。

《文士傳》裡說嵇康「性絕巧，能鍛鐵」。嵇康是出了名的愛打鐵，他在一棵枝葉茂密的柳樹下弄了個鐵鋪子，又引來山泉，繞著柳樹築了一個小小的游泳池，打鐵累了，就跳進池子裡泡一會兒。見到的人不是讚嘆他「蕭蕭肅肅，爽朗清舉」，就是誇他「肅肅如松下風，高而徐引」。

嵇康安貧樂道，經常和向秀一塊在大樹下打鐵，賺錢養家。同時，他也是在以打鐵來表示自己的藐視世俗和超凡脫俗的精神特質。

嵇康年輕時很孤傲，從不討好權貴。當時，身出名門的鍾會對嵇康是敬佩有加。鍾會年少得志，十九歲就做了官，廿九歲時就做了關內侯，但是嵇康就是不愛搭理他。

有一次，鍾會寫了本書，想讓嵇康提提意見，可又怕嵇康不理自己，情急之下，就隔著牆把書扔到了院子裡，然後趕緊走了。後來，做了大官的鍾會再次求見嵇康，可是嵇康仍然不理他，繼續在家門口的大樹下打鐵，一副旁若無人的樣子。

鍾會覺得無趣，只好悻悻地離開了。嵇康在這個時候終於說話了，他問鍾會：「何所聞而來，何所見而去？」

鍾會尷尬地回答：「聞所聞而來，見所見而去。」

不要去刻意討好任何人！換句話說，沒有人恨的人，肯定是無聊且沒有人喜歡的人。別人喜歡你，是因為他們對你身上的某些特質感興趣。

同樣，別人討厭你，也是因為你身上的某些特質讓他覺得不爽。奇特的是，往往一個人身上的同一種特質，有些人就是喜歡，有些人就是討厭。如果你害怕被別人討厭，那也意味著，同時你也拒絕了一些人的喜歡。

其實，你大可不必為了討好別人，戴上面具。你企圖面面俱到，結果必然是面目模糊。你怪別人記不住你，自己存在感低，那你要想想，你有沒有讓別人記住的特點？

你把自己藏在了厚厚的面具裡，所以你輕飄飄的就像一個幻影，可有可無。你費盡心思想要讓每一個人都滿意，卻收效甚微。因為這個世界上，無論你怎麼做，總會有人不滿意。

就像寫作一樣，你寫勵志雞湯文，有人說你低端；你寫乾貨，有人說你無聊；你寫玄幻網文，有人說你沒內涵；你寫嚴肅文學，有人說你古板。你接地氣一點，有人說你不正經；你文藝一點，有人說你愛裝；你扯淡，有人說你耍流氓……

把你的特點真誠地展現出來，坦坦蕩蕩做自己，自然就可以成為一個有趣的人，自然就可贏得某些人的喜愛和尊重。至於那些不喜歡你的人，你又何必浪費精力去照顧他們的想法呢？

第二章　做自己才是有趣的開始

1「人云亦云」是一個讓人變得無趣的品質

「老闆高瞻遠矚，說的極有道理，我沒有一點意見哦。」

「對對對，就是按照你說的這樣去做，肯定沒有任何問題。」

「你說的好對哦，我怎麼沒想到呢。」

生活中有很多這樣人云亦云的「牆頭草」，完全的捨棄自我，只管跟著別人的話頭或者思維，沒有一點自己的想法和意見。這樣做也許沒有什麼大的壞處，但長此以往，一定會給人無趣的感覺。

一張臉的顏值再高，也抵不過一個有趣的靈魂。

有趣的一個很重要的品質，就是有獨立的思想、鮮明的觀點。

所以，當你聽到別人錯誤的言論或做法不正確的話，要敢於發表不同意見，說出自己的想法。

適時地反駁，比讚美有效。

反駁雖然會讓你變得有趣，但反駁一定要有根據，「我反駁的理由是一、二、三……」說得頭頭是道才行。而不是「我看你不順眼，所以你說的我才不同意。」

當然，要做一個有自己觀點，不人云亦云的人，並不容易。需要你有見識、有邏輯，建立一套屬於自己的完整的世界觀，並且能在自己的世界觀裡自如地遊走，才能用這一套邏輯去反駁別人。

如果你是那種對自己以外的世界漠不關心，或者的確是沒有自己的想法，人云亦云的那種人。那麼，首先，你需要加強自己對世界的好奇心。據說愛因斯坦也是成年了之後重新思考像時間、空間這樣的日常概念，革新了人類對物理世界的認識。其實，成年以後靜下心來重新思考一些簡單的問題，有時候收穫真的會挺多的。

其次，你要對一切觀點持懷疑態度。對一些問題儘量先自己思考，而對一些問題在知識方面的缺失不做伸手黨，學會自己上網搜集。面對一個問題你要有自己的看法，更重要的是要表達出來。光在腦子裡想是不夠的，想只是一個抽象的概念，用語言表達出來、用文字寫出來這中間有一個過渡，需要你更加嚴謹地思考。

思維是不斷地鍛煉的，最開始一定有欠缺，但是不要怕別人的挑錯。因為這是必經之路，如果你想有自己獨立的思維，不再在思維上人云亦云。邏輯是越用越嚴謹的，語言能力也是越用越強大的。而第一步就是要有自己的觀點，並且負責任地說出來。

總之，如果一個人不斷咀嚼先人咀嚼過的饃饃，吃別人吃過的飯菜，喝他人喝過的剩茶，跟在權威的屁股後面亦步亦趨、人云亦云，那這樣的人肯定是無趣的。

所以，想要變得有趣的話，就先學會改掉人云亦云的毛病吧。

2 做一個特立獨行的人

做一個特立獨行、有個性的人，這樣才有趣。有人圓潤如玉，讓所有人都很舒服，但是失去了個性。

八面玲瓏、長袖善舞的人可以朋友滿天下，但是卻永遠沒有辦法成為一個獨當一面的封疆大吏。因為一個可以獨當一面的人，一定是有趣的人，他一定有著鮮明的性格，殺伐決斷皆決於一身。

寧做一隻特立獨行的豬，不做一個循規蹈矩的人。

一個有趣的人肯定擁有一個良好的心態，不偏激、不憤俗，然後知道自己想要什麼樣的生活，不被別人的眼光和標準所左右。也許好多人說有意思的人總是活在自己的世界，我們很難懂他們。其實不然，真正有意思的都是和這個社會碰撞甚至妥協之後的產物，它帶來的結果是：除了你自己，你的周圍都會彌漫著驚喜和愉悅。

有追求才有充實的人生，真正懂得去追求的人，會去尋找不一樣的世界。在這裡就教大家怎樣成為那些特殊的人，儘管鼓起勇氣去嘗試。

✿認識自己，活出自己真實的樣子

活得有個性，前提是要有個性。所謂個性，大概就是認識自己，明白自己是什麼樣的人，擁有的是什麼，渴望的又是什麼，如何去獲得自己想要的東西。所以，問問自己，認識瞭解、接納自己嗎？

✿想要擁有個性，最基本也最重要的是學會取悅自己

要做到這一點並不容易。你需要成為一個自信、意志堅定的人。需要有豐富的精神世界，有強大而篤信的價值觀和世界觀。

✿自信，不在乎外界的眼光

不要輕易地被無關緊要的人的評論所影響，做到自信而坦誠。以他人的眼光來判斷是否個性，也不過是他人以為的個性而已。多少人沉溺於其中，以至於失去了自己，沒了真正的個性。

✿做一個有愛的人

無論如何，首先要做一個有愛的人。可以愛物、愛人、愛天地。因為充沛的愛可以讓你自信，並且更堅定自己的路。

踏踏實實地去愛、去生活，不隨波逐流。有沒有個性，其實就不是那麼重要的事了。因為個性本來就是跟別人比較出來的，當你根本不在乎無關緊要的人的評價的時候，你也就不在乎你在別人眼裡是否有個性了。

3 偶爾做點和身分不相符的事

在平時生活中，你是不是覺得自己每天都在過著三點一線的生活？你是否覺得自己的生活枯燥乏味、了無生趣?你是否覺得自己的人生都是在重複同樣的路線，前路一片灰暗?這樣的生活，你還要再繼續下去嗎?那就做些什麼，讓自己變得有趣吧!

找回童年的天真，怎麼有趣怎麼玩。

據說在澳大利亞有一對夫婦，七十五歲的丈夫給七十一歲妻子的聖誕禮物是一輛二手的敞篷跑車。

當了一輩子護士的老太太很喜歡這輛有型有款的黑色大玩具。有記者來採訪他們，老太太興奮地對記者說:「現在孫子們特別願意來，第一件事就是讓奶奶帶他們兜風。」

戴著大墨鏡、太陽帽的奶奶把音響開得震天響，輪番帶著孫子們滿城市裡逛。記者問老頭:「怎麼想起買這麼個禮物?」

老頭說:「今年聖誕前，我問她想要什麼?她說要跑車。我去車行轉，正好有這輛，就給她買來了。」

記者問：「你先生一定特別愛你，你真幸福！」老太太衝記者俏皮地哼了一聲，不置可否。

這位做了一輩子銀行經理、老實的先生好像有點內疚地說：「她從十八歲時就想擁有一輛跑車。結婚後，我們連生四個孩子，再加上股票投資失敗，直到現在才有能力圓她這個夢！」

原來老太太年輕時是個美人，又出生在倫敦的一個大戶人家，十八歲時被這個曾當過飛行員的小夥子迷住。不顧家庭的反對跟他跑去了非洲，之後又移民到澳大利亞，過了一輩子平凡的中產階級生活。

記者問老太太：「你這一輩子是不是特別有意思？」

老太太愣了一下，然後若有所思地說：「有什麼意思？這就是生活。但現在我覺得生活太有趣了。」

作為一個年過古稀的老人，開著跑車去兜風，想想就是特別有趣的事情。正所謂知行合一，我們始終要秉持自己的本真，不違背自己的心意，做自己就好。

因此，放下對身分的執念，嘗試著做點與我們身分不符的事吧，這樣才顯得有趣。不是說，所有的美都是反襯出來的嗎！再不瘋狂，我們就老了，不是嗎！

4 擁有自己對事物的看法

也許你厭倦了自己每天老土無趣的樣子，也許你對任何事情都提不起興趣來；也許你覺得自己無法出類拔萃。無論什麼原因都不要害怕，倘若你想讓自己變得有趣起來，就必須改變以前的心態和生活習慣，擁有自己對事物的看法。

奧斯卡・王爾德，十九世紀英國最偉大的作家與藝術家之一。其以劇作、詩歌、童話和小說聞名，他被譽為「才子和戲劇家」。最近，王爾德在網路上很火，出人意料的是，火的不是他的詩歌，不是他的童話，也不是他的小說，而是他的名言。

王爾德把人類看得很透澈，對很多事情都有自己的觀點，而且他的表達能力非常強。他廣為流傳的那些「名言」，其中一些由於非常直白，對比人們習慣使用的虛偽言辭，就越顯得他機智、幽默、真實。也有不認同的人，則認為他的那些言論缺乏善意和教養。當然大家都公認他是一個很浪漫，而且很有趣的天才。

對於生活，他說：「我們都生活在陰溝裡，但總得有人仰望星空。」

對於工作，他說：「我不想謀生，只想生活。」

對於交友，他認為：「我挑選朋友的標準是他們的美貌。」

對於金錢，他說：「我年輕時還以為金錢最重要，如今年紀大了，發現那句話一點不假。」

對於別人的褒貶，他說：「這世上只有一件事比被人議論更糟糕，那就是不曾被人議論過。」

王爾德的話成了勵志名言，從表面看，許多王爾德名言屬於三觀不正。比如「我挑選朋友的標準是他們的美貌。」「我年輕時還以為金錢最重要，如今年紀大了，發現那句話一點不假。」如此直白地追求金錢、美貌的宣言，為何這樣受人歡迎呢？那是因為王爾德是自嘲自黑的高手，這些話既是宣言又是批評，既抬高了自己又貶低了自己。

王爾德還把人分為了兩種，他說：「把人分成好和壞是荒謬的，人要麼迷人，要麼無趣。」那麼我們怎樣鍛煉自己，讓自己也成為王爾德那樣的人，擁有自己對事物有獨特看法的、迷人又有趣的人呢？

第一，要對事物有最基本的認知能力，這取決於各種因素。比如：身體素質、教育背景、家庭條件、成長經歷。一句話來解釋就是：一個幼稚的人是很難有什麼認知和理解能力的，人一定會越來越成熟，才能擁有對事物的獨特看法。

第二，要學會審視自己。審視自己的想法，審視自己的欲望，學著去理解和控制自己內心對周遭的反應和認知。

隨著時間和閱歷的增長，你會慢慢積累對這個世界的瞭解。比如，怎樣炒一盤好菜，需要很好的廚藝吧？但在此之前的前提是：還要有足夠的材料才能造出一口大鍋，弄出一盤佳餚來。烹飪這件事和人們表達出對世界的認知是一樣的道理，所有的認知都是材料，只有材料多了，你才能得出屬於你自己對事物的看法。

第三，從別人的故事裡學習，接受新鮮事物。舉個例子，如果你住在一個有蘋果和梨的地方，而你又比較喜歡吃梨，所以梨就是這個世界上最好吃的水果。但如果有一天，一個外地人跑來教會你種植西瓜，那麼你的認知就改變了，水果變成了三種：蘋果、梨和西瓜。

第四，保持理性和自信。還是上面那個例子，當我們吃多了梨後，第一次吃了西瓜，你覺得最好吃的水果還是梨嗎？有的人覺得西瓜的出現很新鮮，比梨美味，所以西瓜最好吃；有的人認為從小到大都在吃梨，有家鄉的、熟悉的、很難忘的味道，梨還是我最愛的水果；還有的人說，無所謂，都好吃，喜歡吃什麼就吃什麼。

那為什麼說保持理性和自信很重要呢，中心只有一個：堅定。一個猶豫搖擺，今天這樣說、明天又那樣說的人，是很難有自己的獨特見解的。如果連自己的見解都不肯定，那就不叫見解，其智慧性也就值得懷疑，是經不起推敲的。

我們要不以和大眾看法一致為恥，有時可能群眾才是正確的；也不要為了獨特而故意轉變看法，因為有時是「英雄所見略同」；不在潛意識裡貼靠社會公知或小眾意見領袖，因為虛假經不起時間的檢驗。總之，不是奇怪的、唯一的看法才叫獨特的看法，發自內心的才是，這才是最重要的。

最後，無論你對事物持什麼樣的觀點，都沒有對錯，都是自己獨特的看法和理解。當這些看法形成後，就是你獨特見解的雛形，隨著時間的沉澱，慢慢地你就會變成對事物有獨特見解的人。

5 保持你該有的傲嬌

「傲嬌」一詞起源於日本美少女遊戲，現在已被廣泛運用於動漫、大眾媒體等傳播媒介中。據說也是「萌」屬性的一種，具體就是指態度強硬高傲、說話帶刺、不講道理。但是在不同環境條件下，又會迅速從任性蠻橫轉變成害羞溫柔、撒嬌發嗲的狀態，用一個詞形容就是外冷內熱。

說起「傲嬌」這個詞，你的腦海裡是不是會立刻浮現出曾經很火的韓劇《來自星星的你》，毫無疑問男女主角都是很傲嬌的。國民女神千頌伊走路時，鼻子都恨不得衝天上，青梅竹馬的富二代「男友」追了二十多年也未得手。而來自四百年前的外星人都教授的傲嬌可謂尤甚，這一對「傲嬌」走到一起上演了一場火星撞地球的大戰。

這種傲嬌的「萌」在都教授身上也多有體現：他表面上看似冷漠，別人都把「二貨」的千頌伊奉為女神，他卻不屑一顧，還公然打擊她的傲嬌，當著眾人的面有理有據地指出她抄襲的論文，態度冷傲得讓千頌伊恨得直咬牙。

可事實上呢，每當千頌伊被人傷害、性命堪憂的一刻，都教授都會出現，凍結時間來救千頌伊於水火。展示他極盡溫柔魅力的一面，分明早就愛上了女主角還害羞不承認，以為這樣就可以騙過自己，時間一到就能揮一揮衣袖坦蕩地回到自己的星球。也正是男主角這些傲嬌又有趣的品質，在電視裡俘虜了女神的心，也在電視外俘虜了萬千少女的心。

回到現實裡，我們面對身邊各類傲嬌的少年，可能你會惡狠狠地對他們說：「你這麼傲嬌你父母知道嗎？」雖然表面斥責，心裡是不是也在想：你呀，雖然傲嬌，甚至有點神經病，但還是很有趣的。畢竟，對很多人而言，有趣是交朋友的第一原則。

為什麼越傲嬌的人越有趣呢？

美國心理學家阿倫森曾做過一個實驗，將八十名大學生被試分成四組，每組被試者都有七次機會聽到某一同學（預先安排的）談論對於他們的評價。方式是：第一組為貶抑組，即七次評價只說被試者的缺點不說優點；第二組為褒揚組，即七次評價只說被試者的優點不說缺點；第三組為先貶後褒組，即前四次專門說被試者的缺點，後三次評價談論被試者的優點；第四組為先褒後貶組，即前四次評價被試者的優點，後三次評價被試者的缺點。

實驗結束後，心理學家要求被試者們各自說出對該同學的喜歡程度。讓大家意外的是，「先貶後褒組」最具有好感，這就是著名的「增減效應」，也叫「阿倫森效應」。是指人們最喜歡那些對自己讚揚不斷增加的人，最不喜歡那些讚美不斷減少的人。

無獨有偶，美國心理學家阿隆索和琳達在研究親密關係時，也驗證了這一效應。被試者要求與四位異性接觸，這四位分別是對自己「一直有好感」「一直討厭」「一開始有好感後來討厭」以及「一開始討厭後來有好感」的，最終測試出被試者對哪位異性好感最強烈。

結果顯示：「一開始反感後來有好感」的異性顯示出壓倒性的優勢。這證明傲嬌的強大魅力，比起從始至終都對自己態度很好的人，人們會更傾向剛開始被冷淡對待，然後又逐漸被溫柔對待的人，這種反差會讓人越發產生愉悅感。

強烈的傲慢之後流露出的溫柔很吸引人，同樣，狂風驟雨之後的彩虹也格外明豔動人，「增減效應」又一次證明了人心的捉摸不透。

你可以在生活中，表現出自信、高大上，特立獨行的感覺；在工作中，要樹立權威、說一不二，具有不可替代性；在戀愛中，要表現得獨立自主，而不是非你不可的牛皮糖……反正就是看似不近人情，還帶有一點距離感。只要做到上面所說的這幾點，在多數情況下，你就會擁有一個與眾不同的形象了。

不過心理學家特別叮囑：玩傲嬌有風險，別一不小心把自己玩壞了。過分表現出冷峻高傲，光只看見你的「傲」，會讓別人對你退避三舍，誰還有閒情逸致去發掘你的「嬌」啊！

而且，傲嬌久了，為了不造成某些可能出現的麻煩：比如在親人、朋友、愛人面前，或者只在特定的人面前，不要老是一副傲嬌臉。在特定的環境下，也要向他們表現出你內心溫柔熾熱、天真爛漫的一面。比如說，在朋友需要幫助的時候挺身而出；在專案成功後像孩子似的雀躍；在戀人生病時廿四小時呵護守候……

總之，當你為你的傲嬌範苦惱的時候，別怕，保持你的傲嬌就好了，傲嬌會讓你變得更有趣。當然，如果你因為傲嬌被人指責的時候，你可以很傲嬌地和他爭辯，或者大笑三聲，喊道：我傲嬌我驕傲，怎樣！

6 如果你有想法就表達出來，而不是憋著

有很多的人在面對別人的質疑時，不敢表達自己真實的想法，總是預設啟用認真聽的模式。即使對方說的並不正確，也不敢辯駁，大腦完全停止運轉，只能聽但不能說，而在事後卻有千言萬語想為自己辯解。卻發現重新再談這個話題，只會更尷尬，於是就選擇放棄，最後別人對你的誤解更多……

事實上，當你有了自己的想法時，恰恰應該說出來。

說出自己的看法，可以幫助你理清自己的思路，加深自己的理解，並幫助

你迸發新的想法，讓你成為一個與眾不同的人。

我們有自己的想法，將自己的想法說出來，就能讓別人知道自己的存在。用自己的語言、自己的想法、自己的行動告訴別人你的存在。甚至要試著顛覆別人的認識，改變別人的世界，用自己的眼光，去爭取自己的生活。不管別人怎麼看你，爭取自己最想要的，否則，你只會成為一個無知無趣的人！

你的偽裝讓你變得無趣。

歐文・亞隆在《愛情劊子手》一書中，講了自己跟一個叫作貝蒂的來訪者之間的故事。歐文對胖子有近乎極端的厭惡，尤其是胖女人，所以當他看到胖乎乎的貝蒂走進諮詢室時，就知道自己要開始一場內心的鬥爭。

在開始的幾次諮詢中，他簡直不能堅持下去，每次聊天都是一場煎熬。更糟糕的是，貝蒂的講話方式讓他覺得特別無聊，她不停地在東拉西扯，轉移話題，每當談到嚴肅的問題，她都會輕描淡寫地笑起來，然後想辦法讓對話難以深入。

有意思的是，貝蒂卻認為自己是一個幽默健談的人，跟各種各樣的人都聊得來。她說：「我是個隨和的人，大家都覺得和我在一起聊天特別舒服。」可歐文知道，貝蒂說話太過小心，從未向別人展現自己的真實想法，這讓她很難跟別人建立真正的親密關係。

直到有一次，歐文跟貝蒂坦白說：「我感覺我們的對話一直浮於表面，你不要憋著，試著將你的真實感受告訴我，說實話，和你聊天讓我感覺到很無聊。」

之後，貝蒂終於開始試著敞開心扉，表達自己的真實所想。歐文才發現，其實貝蒂是個很有思想、很睿智的女人。歐文又在後面的諮詢裡，非常坦白地訴說了自己對貝蒂感受的變化。

貝蒂笑著說：「其實我也早已發現了你對我的看法，你在開始的時候對我很厭惡，而且你從來都沒有觸碰過我。」

最後，歐文對她說：「我知道你也許是因為胖，所以一直在偽裝自己，以保持自己良好的性格，不敢表達真實的想法，害怕失去關係。但你有沒有發現，正是你的偽裝讓你變得無趣，你的言語讓我覺得你無聊。當你不再憋著，真實地表達自己的想法和感受時，我反而對你有了興趣。」

所以，學會表達自己內心的真實想法，也是一項很重要的能力。敞開自己的胸懷，敢於講出你的真實想法，學會表達，擁有自己獨特的價值觀，才能真正地讓你成為有趣的人，才能讓別人喜歡你。

即便你迎合他人、取悅他人，別人也未必會喜歡你，反而你的曲意逢迎，容易讓人看輕你。

如何贏到他人的尊重，就是要讓別人看到你的價值，看到你閃光的那一面，你要優秀、強大、獨立、自信，才有可能得到尊重。

如果我們一味地否認、壓抑自己，從來不表達自己的想法，我們將漸漸失去表達自己的能力。我們壓抑了表達自己的情緒，就阻礙了我們和內心的連接，失去了感受情緒的能力。甚至變得麻木，無法意識到情緒的細微變化，變成一個單調無趣的人，對別人的情緒反應更是「呆若木雞」。

怎樣讓自己變得健談？如何讓自己善於表達？

（1）人為什麼怯於表達？是因為怕別人難以接受自己的意見，擔心別人會怎麼看待自己……最終目的就是保護自己不受傷害。有了保護自己的私心，就很難與人融洽，即使你這時能表達的頭頭是道，對方也很難接受。所以做人要大氣一些，不要光想著自己如何如何。

（2）即使你要表達自己的意見，也要先把自己穩下來，心平氣和地去說。人的語氣很重要，你抱著平和的態度，對方也會受到感染，也會給你一個好的回應，這樣才能收到好的效果。

（3）平時多學習，多看書報和影視，豐富自己的知識。一個故步自封的人，是很難感知這個多彩世界的變化無窮的。

（4）多接觸社會活動、人際交往，增長自己的見識。有些人為什麼怕接觸社會？也許是覺得自己地位低微，也許覺得自己長得不如人家，所以才把自己封閉起來，目的是為了保護自己。不管怎麼樣，人活在世上總要與人交往，還是逼著自己去參與社交，沒有人能代替你走好自己的路。

（5）建立自信，增強自己的膽識。打仗靠勇氣，做人也是一樣。心態和意願是第一位的，端正自己的心態，有個不怕死的精神，朝著自己的目標前進吧！

（6）敞開自己的胸懷，表達出你的言語和你的善心，才能真正地讓你成為健談的人。善於表達的人，再加上正確的道理，才有可能改變別人。

7 是否有趣，主要看你有多「真實」

所謂人無完人，我們每個人或多或少有這樣那樣的缺點。有時候，在別人面前，我們會小心翼翼地偽裝自己，讓自己看起來完美一些，但這樣也讓我們活得很累。比起完美的偽裝，其實，在與人交往的時候，袒露自己真實的一面未嘗不可。莎士比亞就曾說過，一個人往往因為有一點小小的缺點，更顯出他的可愛。

《紅樓夢》中的史湘雲是個有趣的人，林黛玉說她像個假小子。大家都說史湘雲是「巾幗而鬚眉」，寶玉是「鬚眉而巾幗」，看似矛盾，不過是率真性情的外露。

湘雲平日裡喜歡穿男裝。一次下大雪，她的打扮就與眾不同：身穿裡外燒的大褂子，頭上戴著大紅猩猩昭君套，又圍著大貂鼠風領。黛玉笑她道：「你瞧，孫行者來了。他一般的拿著雪褂子，故意裝出個小騷達子的樣兒來。」眾人也笑道：「偏他只愛打扮成個小子的樣兒，原比她打扮女兒更俏麗了些。」

她與寶玉、平兒等燒鹿肉吃。黛玉譏笑他們，湘雲回擊道：「你知道什麼是『真名士自風流』……我們這會子腥的膻的大吃大嚼，回來卻是錦心繡口。」

就算是作詩，她也能吟出「蕭疏籬畔科頭坐，清冷香中抱膝吟」的詩句，儼然以隱女自居。俏麗嫵媚夾雜些風流倜儻，使史湘雲這一形象更加有趣了。

史湘雲還有個缺點，就是不但話多，而且說話太直，在借住蘅蕪苑時，薛寶釵曾戲謔：「呆香菱之命苦，憨湘雲之話多。」史湘雲的話吵得她頭疼。

她還曾告誡薛寶釵說：「你除了在老太太跟前，就在園裡來，這兩處只管玩笑吃喝。到了太太屋裡，若太太在屋裡，只管和太太說笑，多坐一會無妨。若太太不在屋裡，你別進去，那屋裡人多心壞，都是要害咱們的。」莫名其妙地說有人害咱們的話，聽得薛寶釵、鶯兒等都笑了。

薛寶釵再次評價史湘雲：「說你沒心，卻又有心，雖然有心，到底嘴太直了。」

最後再讓我們來感受一下史湘雲英豪之氣：青絲托於枕畔，白臂擱於床沿，夢態決裂，豪睡可人。至鹿肉大嚼，茵藥酣眠，尤有千仞振衣，萬里濯足之概，更覺豪爽也。

現實中我們卻恰恰發現，有很多人不允許自己有缺陷。對於這些人，要允許自己有缺點，而不是去評判和苛求自己。做真實的自己，就是接納自己的所有，並且敢於去向他人暴露自己的缺陷。當我們嘗試向他人展示自己缺點的時候，他們才能夠真正走近你、認識你。而你的這些小缺陷，更是讓別人理解你、喜歡你的大殺器。

誰都喜歡完美的人，但是有點小缺陷的人更可愛，你的缺點看起來也會很可愛。

真實，讓我們變得更有趣；同樣，真實，才可能讓我們的關係有進一步的發展。雖然真實同樣會讓我們恐懼，會讓我們害怕失去對方。但是可以更加堅定地去相信，真實本身帶給我們的巨大力量。

你是不是也擁有這樣一群三觀不同的朋友？他們每個人都真實地活著，而且從不掩飾自己的缺點。只有這樣有點小缺陷的、敢於袒露自己真實的一面的朋友，才會讓你的世界更加有趣。

8 沒有業餘愛好，你會無趣到沒朋友

無趣的人經常會抱怨，生活好無聊啊，日子過得沒意思啊。其實，是他們從不知道如何打發時間。而有趣的人都會有一兩個業餘愛好，他們在愛好裡放鬆自己、豐盈自己。更關鍵的是，當一個人在做喜歡做的事的時候，心情就會滿足、美好，這樣的人怎麼會無趣？

生活就是和喜歡的一切在一起。

達爾文晚年後悔地說：「如果生活可以重新開始，我一定要養成每星期都閱讀詩歌、欣賞音樂的習慣。」可見興趣愛好在我們生活中的重要性。

業餘愛好蘊藏著無窮無盡的樂趣。它可以幫你減輕壓力，為你提供認識、結交新朋友的途徑。一個人要想獲得真正精彩的人生，至少應有兩三個實實在在的愛好。如果到了晚年才開始說：「我會對這個或那個發生興趣」，實在是

為時已晚了。

所以，為了讓我們的生活豐富多彩，不至於虛度光陰，成為無聊之極的人，我們要發展各種各樣的興趣愛好，只要自己喜歡就好，這樣的人生才是有趣的。

尋找一個適合你個性的業餘愛好。

擁有愛好是緩解壓力、發揮創造力、結交新朋友的一大途徑。事實上，適合你的愛好有許許多多。但是，如果你沒有一些休閒娛樂活動的話，對你而言，很難判斷什麼樣的業餘活動是會給你帶來樂趣的。以下有一些建議，讓你找到一個適合你自身個性而且又樂趣無窮的興趣或愛好。

✿回顧童年

那些你在孩童時期喜歡做的事情，現在你長大了，還在做嗎？或許你以前熱衷於收集、或許喜歡給你的布娃娃縫製衣服、又或者喜歡騎著自行車出去，重拾你過去的東西，沒準就會重新成為你的興趣愛好；最近被你忽視的卻早已在家著手做的事，這也許就是你的愛好；也許是時候該完成你的編織工作了；或許是你重新拿起吉他再輕彈一次的時候了。

✿開啟你的尋物之旅

如果你對以前喜歡做的事，現在絲毫提不起興趣，那麼去工藝品店或運動用品店、附近的音響店或書店轉轉，看看有什麼能吸引你的，或許這比較有用；流覽並看一看吸引你眼球的東西，或許你會發現你被食譜或剪貼畫集吸引住了。這就給你提供了一條線索，讓你尋找你感興趣的事物。

✿從小事做起

如果你把一些新東西帶進你的生活，那你就必須花時間去經營它，或者將注意力轉移到其中來。以前我們要麼用大把大把的時間來上網；要麼是看電視；要麼純粹在浪費時間。令人欣慰的是，我們現在可以好好利用這些時間，看看能不能每天或每隔一天擠出半個小時左右，去探索感興趣的東西。如果有一個方法讓你可以從小事做起，那就最好不過了。

✿尋找適合你的習慣

每個人都是不同的，選擇什麼樣的興趣愛好，你的個性確實起到了重要的作用。如果你沒有太多的耐心，那就去探索簡單速成的手工項目，或許這樣是更好的選擇。也許你喜歡和朋友外出，那你就要找到一些與你志趣相投的驢友，與他們一起去冒險、去探索。

想想那些你將要愛上的東西，然後再想想要如何拓展它們。如果你總是點好喝的飲料，那麼你可以在家試試做些這樣的飲品；如果在你心愛的餐廳裡，你無法抗拒那些裝飾的繪畫，或許你應該學一些繪畫或者學習攝影；又或者按照你自己的方式探索色彩。

事實就是這樣，你不會在你一出門時就遇到理想的活動。但你在嘗試新事物或探索那些外在的東西時，可以得到很多樂趣。去做些網路搜索、參觀參觀圖書館，不要害怕嘗試新事物，很快你也會擁有一些興趣愛好，一些能提供很多娛樂和緩解壓力的愛好。

記住當做一件事情的時候，先要問自己，這是你喜歡的事嗎？如果是，那就去做吧，從這裡出發，我們去創造有趣的生活、有趣的人生。

第三章 世界就像萬花筒，總能發現好玩的

1 下雨了，除了匆忙躲避，你還可以漫步其中

一個有趣的人應該是一個熱愛生活、心思細膩的人。他們對大自然的饋贈有獨到的見解，他們對一隻小動物、對一株小小的植物，都能夠發現美好。他們善於在一些別人看來平凡無奇的存在中，以自己獨特的眼光看到其中的美好。

回憶一下，當你還是個好奇寶寶的時候，應該都有過這樣的童年經歷：就是像瘋子似的跑到雨中歡快衝撞，大聲呼喊，就彷彿下的不是雨而是快樂。

小時候的我們，對世界的一切都充滿了好奇，也對大人們充滿了抗拒。因為在我們眼中，大人們太無趣，太無聊了。他們總是對我們說著「不行」「不能這樣」「你錯了」「NO」……他們總是限制著我們對世界的好奇、對快樂的追尋、對新奇的熱愛。他們想要我們做一個乖寶寶，可是做那種循規蹈矩的乖寶寶，實在沒什麼快樂可言。

小時候，我們總盼望長大，以為只要長大了就沒人再管我們了，我們就自由了，可以盡情地追尋那欲求而不得的快樂與精彩了。然而，隨著我們一天天長大，才發現，在這長大的過程裡，我們自己竟也在不知不覺中，變成了曾經我們「討厭的樣子」，變成了那些「無聊的大人」。

對於成年人來說，誰還會去淋雨呢？社會上有著太多的規範，我們被各種規矩束縛著，再也找不到那個無法無天而自由自在的自己。如果我們主動淋雨，被過往的路人看到，可能會說，「你看這個人，他是個傻子吧，也不找地方避雨。」

讓我們在雨裡縱情起舞吧。

當然，淋雨雖然看起來很傻，但有時候也可以很藝術。大家如果看過電影《雨中曲》的話一定會記得，男主角洛克在下著雨的大街上旁若無人地「Singing in the rain」的場景，這個場景更是電影史上最經典的場面之一。

《雨中曲》被公認為是影史最偉大的歌舞片，沒有之一。其中金・凱利（Gene Kelly）那場渾然天成的雨中嬉戲，是影片中最出彩的地方。

金・凱利在雨裡歌唱，在雨裡舞蹈，享受的是內心戀愛的甜蜜。踢踏，這種由腳跟發出來的旋律，誇張的肌肉、自如的面部表情、揮動的雙臂、上下彈跳自如的雙腿，還有隨時即可拿來當道具的椅子、桌子、沙發……似乎是沒有章法的舞動，卻是那樣的有律動性，這樣的一場舞蹈，只會讓人放鬆，不必去想主人公的複雜心理。它就是這樣一個大雨滂沱的時候，隨性地呈現在了觀眾的面前。

在大雨中，兩個演員的踢踏舞，配合得天衣無縫，一唱一和。寬鬆的上衣、掉襠的褲子、繫帶皮鞋，構成極其放鬆的裝束。和著歡快明朗的音樂，扭動著自己的頭部、聳動著自己的肩膀、擺動著自己的雙臂和舞動著自己的腰肢，多麼活潑放縱的舞蹈啊。

金・凱利高唱著，Singing in the rain，dancing in the rain，好像在邀請觀眾們：親愛的，讓我們在雨裡縱情地舞一次吧！

直到警察跑來，他也要唱完最後一句，做一個完美的結局，將雨傘贈予路人，頂著雨滴大步地跨向前方。

淋雨，感受一個不一樣的世界，讓身體陌生而驚喜。

淋雨真的很有趣，強烈推薦大家淋一次雨。我們身體的觸感平時很少被啟動，淋浴時往往空間狹小、空氣品質也欠佳，視覺呼吸都使身體、想像力難以放鬆釋放。淋雨則是身處天地之間，雨向身體無法預測方向地撲來，讓身體陌生而驚喜。

淋雨時，看水花在腳下綻放，雨中就是一個世界。聽雨聲敲擊，會使你的潛意識活躍，釋放出真我。淋雨是那麼美妙，你可以真切地感受到雨滴的衝擊，不真實的仿若夢境。

在雨中，雨幕將你和世界分離，水滴在你肩上怦然綻放，打濕的細碎額發開始滴落水珠，黏身的衣服像極了夏天的吻，讓你在雨裡泅渡……真的很美，很有意思。

2 世界從不缺少美，缺少的是發現美的眼睛

生活有時像一杯普普通通的白開水，很多時候我們覺得它索然無味；生活有時又像是路邊的一株綠化樹，在我們的視野中一一略過，沒有留下任何痕跡；生活有時恰似尋常夜空中若隱若現的漫天繁星，我們偶爾不經意地抬頭一瞥，卻視而不見。

羅丹說：「世界並不缺少美，而是缺少發現美的眼睛。」的確，美麗無處不在。關鍵是看你有沒有發現美的心，只要去尋找、發現，就會看見美。

匆忙趕路的時候，不要忘記沿途美麗的風景。

據說，釋迦牟尼在未成佛之前，經歷過很多次挫折，在世事中學到了很多。

有一天，釋迦牟尼要去一個很遠的地方，因為急於到達目的地，他便無視路途的遙遠艱辛，只顧著沒日沒夜地趕路。

長路漫漫，釋迦牟尼累得筋疲力盡，終於遙遙地看到了自己想去的地方，他長舒了一口氣。就在心情放鬆的同時，他感覺到自己的腳下有一顆小石子磨得腳很難受。

其實，在釋迦牟尼剛上路之後，就已經清楚地感覺到在鞋子裡有顆小石子，不時地刺痛著他的腳，讓他很不舒服。

然而，釋迦牟尼心思都放到了趕路上，不想浪費時間脫下鞋子取出石子，索性便把那顆小石子當作是一種歷練。

直到快到目的地，他才停下急切的腳步，心想：既然目的地快要抵達了，那就歇息一下，乾脆就在這兒把那顆小石子倒出來，讓自己放鬆一下吧！

就在釋迦牟尼低頭彎腰脫鞋的時候，他的眼睛無意間瞟見了道路兩旁的山光水色，發現一路上的風景竟是如此的美麗。

他當下便領悟了一個道理：自己這一路如此匆忙地趕路，心思意念竟然只專注在目的地上。其實，過程也是一道風景，正如成佛前的修行一樣。

釋迦牟尼把鞋子脫下，然後將那顆小石子拿在手中，不禁嘆道：「小石頭啊！真想不到，這一路走來，你不斷地刺痛我的腳掌，原來是要告訴我要用心注意生命中的一切美好事物啊！」

生活中，我們常常一邊不遺餘力地追逐某些東西，一邊又常常抱怨著生活的無趣。我們應該去用心去體會生活，然後就會發現，美無處不在。

生活是一團麻，那也是麻繩擰成的花。

為了解除生活帶來的煩惱，你可以輕鬆、幽默地來一句：「生活是一團麻，那也是麻繩擰成的花。」是啊，世界原本就是如此美妙的，透過那些剪不斷、理還亂的「細麻」，竟然可以看到豔麗而芬芳的花朵。

生活中原本有許多美妙的東西，只是我們的心靈太匆忙、太浮躁了，沒有好好去品味那些隱藏在生活背後的美好真意。其實，只要你肯打開心靈的窗戶，用一顆平靜的心去欣賞生活、感受生活，你就會發現生命中處處充滿精彩和快樂。

生活是一處看不厭的風景！我們的生活可以很平凡、很簡單，但只要我們仔細用心去體會、去感受，就能夠發現生活背後很多美妙的東西。然而不會欣賞每天的生活，是我們最大的悲哀，其實我們不必費心地四處尋找美，美本來就是隨處可見的。

人生有趣的地方，是要我們用心去發現的，按部就班的日子裡也有如初春般顯露的新綠景色；只要用心去體會，波瀾不驚的生活中也有另一番滋味。生活中很多片段或許只是一些普通時刻，但只要用心體會，普通時刻也會成為值得回味的愉悅時光。

用心去感受生活。只有用心去感受了，才能更加珍惜生命，才能真正地懂得如何用一顆感恩的心面對他人和自己。在感受的過程中，你會找到新的希望。

用心去感受，你會發現用一顆感恩的心面對這個世界，人生真的很璀璨，有趣的生活在於尋找。

3 做飯，其實是一件很有意思的事

好多人抱怨自己不開心，生活無趣，死氣沉沉。每天都過著同樣的生活，重複上班、重複見一群朋友、穿相同款式的衣服、聽相同類型的歌。這樣的生活沒有趣味，怎麼樣才能從這長久的無趣中走出來？既然那麼無趣，何不找些事情讓自己的生活變得有趣起來？

生活是需要樂趣的，樂趣是需要找尋的。從哪找?或許可以試試做飯。

在一個不擁擠、不喧囂、沒有吵鬧的週末，上街買菜回家淘米開火，可以穿著旗袍，踩著拖鞋、繫著圍裙下廚房，是一件美麗而浪漫的事情。食物和你的戀人一樣，唯有用心烹製，才有唇齒留香的餘味。

全天下的好女子和好男子，都應該在炊煙和炒鍋前經歷過，才知道生活是一件嚴肅且慵懶的事情。你的食物養育著你的內心，它是什麼樣的，你就是什麼樣的。

唯有美食與愛，不可辜負。

在平淡的生活裡，做一桌家常菜，享受一天全家歡聚。其樂融融那種溫暖的氛圍，這樣的日子才會讓人過得有滋有味。

下廚做飯是一件很有樂趣的事情，也很讓人享受。不管你技藝如何，追求的就是舌尖上的幸福、味蕾上的快感、色澤搭配上的視覺美感、食欲上的不斷滿足。

隨著生活節奏的不斷加快，現在大多數年輕人下廚做飯的機會很少了，做飯幾乎成了一種負擔。找出各種理由，工作忙、沒時間、太累，飯店就成了他們的首選。食客、美食家，也成了他們引以為榮的身分象徵和追求方式。

然而，與其追求美食不如跟家人、朋友一起做飯、吃飯，這是一種增進感情的良好方式。而一起做飯則更是一種對於製作美食過程的享受，其中更有著無窮的樂趣。也許你所做的菜式很簡單，四菜一湯裡都是家常菜，但吃在嘴裡，樂在心裡，因為這是自己的成果，是去任何高檔酒店都感受不到的無盡快樂。

生活的樂趣恰恰是在平淡的生活中尋求溝通，創造和諧與完美。捲起你的袖子學會烹飪吧，哪怕是洗洗筷子、刷刷碗、拖拖地、洗洗衣，也能樂在其中。

廚房是製造樂趣的地方，因為這裡有著美味的食物和原汁原味的生活。愛廚房、愛生活、愛家庭、愛父母，那就趁早去下廚，展示一下自己吧。把做飯當作一種樂趣，那會成為一種自身修煉，會使生活多一些潤滑劑，更是對待生活的一種積極向上的態度。

4 好看的電影，不一定在電影院

好看的電影不一定在電影院。那麼我們該如何快速找到適合自己的好電影呢？

（1）合理分析目前自己的狀況，不管是在讀還是剛畢業，找到目前自己最關心的一些主題，或者說最應該關心的一些主題。

（2）帶著問題去尋找需要的電影，比如對於人生目標很困惑，可以多去看一些傳記類的電影。不要害怕把看電影變成一件功利的事，電影本來就被賦予了幫助人成長的使命。

（3）在自己沒有其他辨別能力之前，儘量選擇評分和評價相對較高的經典電影，評分可以參考IMDB（**七分以上為準**），爛番茄（**百分之七十為**

準）等。

一些另類的觀影方式。

在家裡看電影，不去電影院，是不錯的選擇。那麼，如果你既不想在家看電影，又不想去電影院，那怎麼辦？

不用怕，我們還有別的選擇。現在人們看電影已不局限於在電影院，除了在家庭中配備相關簡化的設備也能呈現同樣的體驗。還有私人影院、主題影院、汽車影院等觀影場所可供選擇。在這些地方觀眾擁有一個獨立的空間，躺著看電影就成了很平常的事情。

汽車影院就是在露天放映，觀眾們坐在自己的車裡看電影。

汽車電影最早是在美國興起的，在停車場前方掛著巨大的銀幕，場內立著許多裝有耳機插頭的柱子。觀眾駕車進入場內，停在柱子旁，插上耳機，就可以看電影。不久後，這種時尚的娛樂休閒方式隨著汽車的普及，很快風靡整個北美地區。

每當夜幕降臨，您可攜帶家人或三五朋友開著車到汽車影院中將自己的愛車停在最佳的觀賞位置，座椅調到舒適的角度，盡情享受電影的樂趣，是不是很酷呢。

5 下雪了，你不做點什麼嗎

雪可以遠觀，又可以踩踏捧玩，既為山林之景增色，又能讓糧食豐收。所以，下雪天是古人很喜歡的天氣，歷朝歷代文人墨客到了下雪天，都很活躍。甚至，古人在雪天玩的樣式，可謂花樣百出。

有爬山的：姚鼐雪天登山賞日，雖然被凍成了狗，但是他覺得很有趣，還寫了一篇《登泰山記》流傳後世。

有打獵的：草枯鷹眼急，雪盡馬蹄輕。（王維・觀獵）

有追敵的：欲將輕騎逐，大雪滿弓刀。（盧綸・和張僕射塞下曲・其三）

有跑去拜師的：著名的程門立雪，便是雪中拜師。楊時和游酢冒著大雪去找程頤老師，但發現老師在屋裡睡著了，楊時覺得要講禮貌，不能打擾老師，那我們在門口等著吧。程頤老師一覺醒來，發現門外站著兩個「雪人」。

有搞家庭聚會的：有一次，天降大雪，謝安閒著無聊就搞了個家庭聚會，問家中小輩們大雪紛紛像什麼？其侄子謝朗回答，「撒鹽空中差可擬」。但在謝道韞眼裡，卻是「未若柳絮因風起」，從此誕生了一個形容才女的新詞彙：「詠絮之才」。

還有放風箏的：徐渭有一組《題風鳶圖》，其中一首是這樣：

「偷放風箏不在家，先生差伴沒尋拿。有人指點春郊外，雪下紅衫便是他。」

簡直不能更直白了，意思就是說，下大雪了，不想讀書，跑出去放風箏。老師大怒，派人來尋，有人報告，郊外那雪地裡穿紅衣服的就是他。

有送別的：「輪台東門送君去，去時雪滿天山路，山回路轉不見君，雪上空留馬行處。」在大雪天，岑參揮著手帕，兩眼淚汪汪地和好友道別，這場景讓人挺感動的。

有賞雪的：崇禎年間的一個冬天，張岱住在西湖。可是天氣不怎麼好，接連下了三天的大雪，湖中連個鳥的影子都見不到了。張岱在家裡待得無聊，這一天凌晨，他划著一葉扁舟，穿著毛皮衣服，帶著火爐，前往湖心亭看雪。

湖上彌漫著水氣凝成的冰花，天與雲和山與水，渾然一體，白茫茫一片。欣賞著這優美的雪景，張岱很是自得，覺得這麼美的雪景，竟然沒人發現。

但是，他到了亭子上，看見有兩個人早已鋪好了毯子，相對而坐，旁邊一個童子正把酒爐裡的酒燒得滾燙，這讓他大吃一驚。

其中一個人看見張岱，非常高興地說：「沒想到在湖中還能碰上您這樣有情趣的人呢！」拉著張岱一同飲酒。張岱尋到了知己，非常高興，便痛飲了三大杯，聊了會兒天，欣賞了會兒雪景，才依依惜別。等上了岸，下了船，船夫嘟噥道：「不要說先生您癡，還有像先生您一樣癡的人啊！」

有煮雪烹茶的：烹雪煮茶，是古代文人的極致雅事。白居易的《晚起》裡就有「融雪煎香茗，調酥煮乳糜。慵饞還自哂，快活亦誰知」的詩句。清晨醒來，好大一場雪，洗手取雪，生火煮水，雪在釜裡浮沉，玉肌消殞，茶香四溢，呼朋引伴，好不快活。

有踏雪賞梅的：下雪天，有的人怕冷會待在家裡，可孟浩然卻很興奮，下雪天就往外衝。來到長安邊上的灞橋，騎著一頭驢，踏雪尋梅。到處跟別人說：「吾詩思在風雪中、驢子背上，看什麼看，我在搞藝術呢。」為此，後來蘇軾還開玩笑道：「又不見雪中騎驢孟浩然，皺眉吟詩肩聳山。」

《紅樓夢》中也有個踏雪賞梅的故事。有一年冬天，李紈組織姐妹們以「雪」為題辦起詩社，大家在蘆雪庭賞雪吟詩。李紈命寶玉去櫳翠庵向妙玉要一枝紅梅，寶玉從命，很快折回一枝紅梅。李紈又命邢岫煙、李紋、寶琴分別以紅、梅、花三個字各賦詩一首。一時間，蘆雪庭內熱鬧非常。

賈母高興，坐著轎子來到蘆雪庭，邊誇梅花開得好，邊飲酒取樂，大家都陪著賈母玩笑。賈母看到不遠處白雪之中，寶琴身披鳧裘，旁邊丫頭抱著一瓶紅梅，竟像畫中的天仙一般。原來寶琴看櫳翠庵紅梅開得好看，非常喜愛，也去櫳翠院折了幾枝。

寶玉求梅是一段話兒！寶琴抱梅是一幅畫兒！話與畫都自櫳翠庵起，紅梅之豔與櫳翠庵之清，自成一絕對也。

有把酒言歡的：

唐代詩人白居易在《問劉十九》中寫道：「綠蟻新醅酒，紅泥小火爐。晚來天欲雪，能飲一杯無？」

當然也可能是白居易喝酒的藉口。不過，我們來想像一下，屋外下著鵝毛大雪，詩人在溫室中抱著暖爐，爐上溫著酒，等著好友的到來。這一切看似平淡無奇，實則是盛唐遺風，雅韻非常。

生活在現代的我們，是不是也應該對朋友發出邀請：「雪之將至，不宜行程，不如暫居一宿，你我縱酒暢談，可好？」

有垂釣的：

柳宗元在《江雪》中寫道：「千山鳥飛絕，萬徑人蹤滅。孤舟蓑笠翁，獨釣寒江雪。」

在漫天大雪中，在幾乎沒有任何生命的地方，有一條孤單的小船，船上有位漁翁，身披蓑衣，獨自在大雪紛飛的江面上垂釣。這是一幅多麼生動的寒江獨釣圖啊！

還有訪友的：

《世說新語》就記載了一個王徽之「雪夜訪戴」的故事。

東晉大書法家王羲之的五兒子王徽之，行為豪放。他雖說在朝做官，卻不願受人約束，常常到處閒逛。後來，他乾脆辭了官，跑到山陰隱居，此後他天天遊山玩水，飲酒吟詩，活得倒也自在。

有一年冬天，鵝毛大雪紛紛揚揚地接連下了幾天，一天夜晚，雪停了。天空中出現了一輪明月，皎潔的月光照在白雪上，好像到處盛開著晶瑩耀眼的花朵，潔白可愛。

王徽之打開窗，看到院子裡白雪皚皚，甚是美麗，就趕忙叫家人搬出桌椅，取來酒菜，坐在庭院裡對月獨酌。

他喝著酒，觀賞著雪景，高興得手舞足蹈。

忽然，他覺得此景此情，再配上悠揚的琴聲，那豈不是更好。由此，他想起了那個會彈琴作畫的好朋友戴逵。王徽之一時興起，馬上叫僕人備船揮槳，連夜出發前往剡溪的戴逵家，也不考慮兩地有相當遠的距離。

冒著風雪，船兒順流而下，沿途的景色都披上了銀裝。王徽之觀賞著如此秀麗的夜色，如同進入了仙境一般。整整行駛了一夜，拂曉時，他們眼看著就到了剡溪。可王徽之卻命僕人撐船往回趕。僕人不明就裡，詫異地問他為什麼不上岸去見見戴逵。

他淡淡地一笑，說：「我本來是一時興起才來的，如今興致沒有了，當然應該回去，何必一定要見著戴逵呢？」

你看，這普普通通的下雪天，古人有了精神意趣，而變得如此豐富可愛。

6 砍價裡那不為人知的樂趣

你是不是也有這樣的經歷：同樣的攤位，同樣的水果，你買都要比會砍價的老媽多掏幾塊錢。其實，砍價也是一種樂趣。買東西，不是單純的直來直去。要學會看穿這裡邊的人情世故和一些小心思。為什麼那麼多的女孩子喜歡逛夜市，逛步行街呢？首先是便宜，還有一點就是可以砍價。砍價其實也是一種樂趣，可以讓你生出一種成就感，還給對方一個樂趣。

一些個體服裝店的經營中，店主一般擁有較自由的定價權。區別於商場服裝店的明碼標價，來小店光顧的顧客在淘寶之餘，也能享受討價還價的樂趣。在這一過程中，我們就不要和老闆們客氣了。

砍價博弈很有意思，雙方PK樂趣多。

著名收藏家馬未都講過一個關於砍價的趣事。

當年馬未都在地攤上收了不少貨，在收藏界也混出了點名氣。有幾個外行的大老闆找他，說要跟他結伴去玩，順便買點兒便宜的東西。馬未都同意了，但告誡他們，到時候不懂的別瞎問。

到那兒一下車，還沒到市場呢，就開始有擺地攤的。有一個農民蹲在那兒，前面擱著一個土碗。看著這碗，一個老闆就上去，拿腳指著碗問，你這個賣多少錢？那老鄉抱著碗說，貴著呢，別踢著了我這碗。這老闆就來勁了，它再貴也得有價錢吧？人家就說，很貴，五萬塊。

老闆回頭看馬未都，馬未都裝作沒看見，轉身就走了。然後呢，老闆見馬未都走了，也拔腿想走，老鄉卻發話了，別走啊，還個價呀，你還一分錢我都不嫌少。

這老鄉這麼一說，他就愣在那兒，傻乎乎看了半天碗。但是他看不懂這碗是什麼來頭，也不知道價格，到底怎麼還價呢，想了想就說，一千塊。

老鄉說你得添錢，我不能添。那你添一百塊錢行不行？一百塊錢也不添！最後老闆和賣碗的老鄉槓上了。那老鄉就說，你添十塊錢，讓我中午有頓飯就行。他咬定一分不加。這時候老鄉說，那好，我今天賠錢把這碗賣給你了。老闆只好從兜裡掏錢，數了一千塊錢給人家。

買完碗，他追上了馬未都，問馬未都這碗值不值一千塊，馬未都說：

「這碗值十塊錢，但教訓值九百九。第一句話你就出問題了，你拿腳指著這個碗問，這碗值多少錢？你是一種鄙視的態度，人家不管說這個碗值多少錢，你肯定不買。人家先說『貴著呢』，首先是保護自己，同時又將了你一軍。你感興趣了，問具體多少錢，他就說五萬元。你一下就鬧不清楚它值多少錢了吧。你出價一千元，人家痛快地賣給你了，你心裡就會很難過。那老鄉不能馬上就賣給你，說你給的還不夠本錢，你立刻就覺得有底了。人家這句話就是要穩住你，防止你脫套。他說讓你加錢，你連一碗麵條錢也不加。你認為自己在堅持底線，可砍價的這個過程，對他來講實際上是反覆確認。一千塊也罷，最後他說我賠錢賣給你，你還有路可退嗎？如果問完價還完價你不要，那對方就會惱怒。那肯定是要打架的。在他看來，你等於是砸場子來了。所以你只好掏錢。」

這個故事很有意思，也很富有哲理：在一個自己不懂的領域，自作聰明去砍價，也許會被一個普通的碗砸得頭破血流。

在享受砍價帶來的樂趣的同時，應當注意以下的事項：

✿證明價格是合理的

比如，市面上大多數衣服價格比成本要高得多。這時，店主會從衣服設計、品質、品牌等方面的優點來證明價格是合理的。所謂「一分錢一分貨」，當然這些都只是定價高的理由，顧客要貨比三家，然後再購買。

✿在小事上要慷慨

在討價還價過程中，買賣雙方都是要做出一定讓步的。雖然每個人都願意在討價還價中得到好處，但也不要貪得無厭。因此，不要在幾塊幾毛錢上斤斤計較。

✿討價還價要分階段進行

和賣家討價還價要分階段一步一步地進行，摸清對方的底牌。有的店主很懂策略，不會在一開始就把最低價拋出來，所以，在洽談初始階段，要狠狠地殺一下價。這樣，可以試探一下對方的底線，當然也不能太離譜，否則就無法談下去了。

7 週末，來一場快樂的家庭大掃除

週末放假時，難得清閒，難道就一直睡大覺嗎？在休息之餘，也不能忽視了你最親愛的家的整潔衛生。尤其在天氣暖和的季節，更需要保持家中整齊乾淨。不但防止細菌生長，呵護身體健康，而且讓屋子明快敞亮可以保持心情舒暢。還是勤快一點，把家裡收拾一下吧，收拾完畢後，心情肯定十分舒服。

奇妙的「掃除力」。

大掃除其實就像一個儀式，能讓我們放鬆心情，重新獲得更多、更有序的空間，給人一種新鮮的體驗，給心靈一個儀式感的交代。

《創造高收益》這本書中講的是，「日本經營四聖」之一的稻盛和夫創業的一些心得。

這本書裡有這樣一個細節：京瓷在歷史上有段時間經營不善，員工紛紛離職，一起奮鬥過的戰友也分道揚鑣，公司接近倒閉。稻盛先生非常困惑，搞不懂問題出在哪裡。反正也沒事做，於是他每天在工廠裡一個人做清潔，掃地、刷廁所、割雜草。這樣堅持了一段時間，有一天他突然頓悟了企業存在的意義，從此改變了經營理念，使京瓷一下子蓬勃發展起來。

日本著名導演北野武有一段鮮為人知的逸話。有一段時間，在他的事業低潮期，他每天清掃廁所，可不是他自家的，是在日本被認為最髒的公園裡的公共廁所！

通過清掃，特別是那些最骯髒的地方，把自己降到最底層，淨化心靈，達到忘我的境地。這時才能悟出真正的自我。我想這可能就是「掃除力」的真諦所在吧！

明天，你要不要也體會一下掃除力這種奇幻的魔力呢？

8 偶爾改變一下經常走的路線

其實很多人覺得生活太無趣了，就是因為少了一份激情，試想如果你二十年如一日都在幹同樣的事情。上班，下班，休息，再上班，生活一成不變，每天如此，一點生活情趣都沒有的話，你的生活勢必會變得很無聊。

怎麼辦？可以適當地做出一些小的改變，比如改變一下你的生活習慣。在上下班的路上，走不同的路線。因為我們平時上班的時候都是很單一的路線，我們對路邊的建築、景觀都熟記於心了，改變一下路線，可以讓大腦再次適應新的環境和建築，可以有效地鍛煉和放鬆大腦，從而增強大腦的活力。

偶爾改變一下經常走的路線，你會看到不同的風景。

在快節奏的現代化生活中我們不妨放慢腳步，偶爾多繞幾下，用心去傾聽、去感受別樣的情懷，就會發現生活其實處處充滿生機。

「A little change can make a lot difference in life。」沒有嘗試，你就永遠不知道有多美好的人、事、物在等著你，這些看似不起眼的小改變，都將成為你生活中美好的點綴。

做一點小小的改變吧，如果你已經開始行動了，想必你一定會看到令你驚訝的事情。一點小小的改變，卻能造成驚人的效果，何樂而不為呢？

9 放棄開汽車，騎自行車去看風景

騎自行車是一種生活方式，更是一種潮流時尚。在荷蘭的首都阿姆斯特丹，從孩子到老人，從郵遞員到公司經理，從大學生到職員，幾乎人手一輛自行車。

騎行，是一種健康自然的運動方式，能充分享受閒暇生活、旅行之美的運動。如果你在城中心，騎行可以變成一種綠色出行方式，平添了很多生活樂趣。清晨騎車去買一束鮮花；騎著愛車為附近客人送咖啡。如果想旅行看風景，一輛自行車配上一個背包，穿上騎行服，戴上騎行頭盔、眼鏡和手套，簡單又環保。駛過顛簸的路途，穿越黑暗的隧道，在不斷而來的困難當中迎接挑戰，在遙遠的他鄉體驗風土人情，在旅途的終點品嘗成功。

有人說，關於旅行，有一種方式只屬於自己，那就是騎行。更有人說，看風景，開車太快、走路太慢，騎車剛剛好。

當你連續工作五天後，想調節下生活節奏，又不願宅在家裡，又不願開啟奔波易堵的車程，只想著簡單地遊山玩水賞景觀物，那麼，騎行便是最優的出遊方式。

對上班族們來說，開車太快、走路太慢，唯有騎自行車，才是最適合探訪、發現人文美景的最佳方式。在假期裡，放下繁忙的學業與工作，背上不重的行囊，踏上自由的旅程。在自行車上，一邊看著不斷倒退的風景，懷著對未知道路的憧憬，一邊真切地體會始於腳下的精彩。

更重要的是，騎行生活讓我們在旅途中放鬆自己。同時，旅途中看到各地不一樣的藍天、白雲等美景，都成為我腦海中最美的回憶，同時激勵著我們不斷地前行。

第四章

有趣能讓自己開心，更能讓別人愉悅

1 有了幽默感，你會覺得人生更有樂趣

幽默感，其實就是有趣的一部分。在不盡如人意的生活中，幽默能幫助我們排解愁苦，減輕重負。用幽默的態度對待生活，我們就能擺脫憤世嫉俗、牢騷滿腹的生活狀態了。

什麼是幽默？關於「幽默」的定義，林語堂這樣解釋：「幽默是一種人生的觀點，一種應付人生的方法。幽默沒有旁的，只是智慧之刀的一晃。」林語堂不會為了人們發笑而去製造幽默，他的幽默更像是生活的一種調味品，不刻意、不做作，順手拈來、水到渠成。

所以說，會講些類似段子的東西，不能說是幽默。幽默說簡單也不簡單，它需要你在生活中發揮自己的一些睿智或者童心，並且一以貫之。擁有了幽默感，你會覺得人生更有樂趣。

「絕對小孩」朱德庸。

著名漫畫家朱德庸，是一個非常有幽默感的人。在他年輕的時候，與兒子相處從不會考慮自己是個父親，而是一本正經地讓兒子叫他老弟。他常常跟兒子搶東西，把兒子弄得哇哇大哭；有時候還會趁著兒子上廁所的時候，跑過去在兒子畫的「威武的東西」頭上「插」一把刀。為此，他的太太不得不語重心長地告誡兒子：「別看你爸爸個子比你大，其實身體裡住了一個比你還小的小孩。」意思是，讓著他一些，別跟他嘔氣。

在家裡，朱德庸是個模範丈夫，一家人的三餐由他包攬，不管味道如何，總能讓太太孩子吃得心滿意足。為此，他當選為當年的「十大新好男人」。

記者就以此問他：「你當選『新好男人』後，感覺怎麼樣？」

朱德庸一聽，笑著說：「事實上，我覺得只做一個『新好男人』還達不到較高的標準，我還要往更高的層次走，就是當一個『賤』好男人。因為『新好男人』嘛，這個『新』總會變舊，但『賤』卻永遠是賤，所以要做『賤』好男人。」

他這個觀點一出，周圍的人都樂了。記者趕緊追問他，「賤」好男人與「新好男人」的差別在哪兒？

朱德庸一本正經地說：「新好男人就是老婆跟他說你去洗衣服，老公就說好。『賤』好男人的老婆跟他說你去洗衣服，老公就會說，除了衣服，還有沒有別的要洗的。」

朱德庸簡直是把生活活成了段子的人，讓人羨慕。人生的旅途漫漫，因此，我們需要擁有幽默感，才能擁有快樂有趣的一生。

睿智犀利、妙語不斷，是孟非主持的拿手好戲。而對於自己的幽默感，孟非則認為不能視為一種能力。「幽默感不能像培養寫作能力一樣培養，幽默感是小小的『奢侈品』。生活中，沒有幽默感一樣活得很好。但有了幽默感，你會覺得人生更有樂趣。和人相處更融洽和諧，讓你的生活更愉悅，所以幽默感更多的是一種生活態度。」

常常有觀眾問他怎樣變得這樣幽默的，謙虛的孟非連連擺手稱：「經驗談不上，無非是多看看書，多出去走走，俗話說，讀萬卷書，行萬里路嘛。」

孟非認為，幽默感沒必要強求學習和鍛煉，「首先得有一個開朗的性格，才可能具備幽默感。而所有給我們帶來幽默感的東西，實際上是換個角度理解問題。」

那麼，怎麼去培養自己的幽默感呢？

✿開闊心胸，保持樂觀的心態

幽默與樂觀是孿生姐妹。很難想像，一個整天愁眉苦臉的人，會有幽默感。相反，一個具有幽默感的人，卻能從自己不順心的境遇中發現某些「戲劇性因素」，而使自己做到心理平衡。

而且，我們不要對自己有不切實際的過高要求。不要過於在意別人對自己的看法，學會理解別人。正確地認識自我，不論在什麼樣的環境中總能保持一份愉悅向上的好心情。

✿ 罐裝材料

知識豐富能讓你無所不談，任何時候都可以拿任何事物來幽默一下。學到別人怎麼幽默還不行，還要活學活用。要關心國家大事、網路新聞，豐富自己的語言資源。

✿ 幽默就是力量

如果在交往中逐步掌握了幽默技巧，就能巧妙地應付各種尷尬的局面，很好地調節生活，甚至改變人生，使生活充滿歡樂。

✿ 突發奇想地轉換思維

打破墨守成規的習慣，很容易引發幽默。試著換一種思維方式或做出令人意外的舉動，或是改變談話的前後順序。發揮想像力，把兩個不同事物或想法連貫起來，會產生意想不到的效果。

✿ 積累獨特的小幽默

經常記一些有趣的故事並加以潤色，使之成為自己的獨特的小幽默。循規蹈矩的語言或行動方式是不能引發幽默的。幽默是對習慣的一種偏離，突然轉換話題或誇張的表演自然會引人發笑，精心設計的故意失誤也會令人捧腹大笑。

✿ 擁有捕捉有趣之物的眼光

而要培養幽默感，就要先感受和熟悉幽默，從而訓練出善於捕捉有趣之物的眼光。將自己當作生活的旁觀者，尋找笑點。

2 有趣的人能把難堪的事說得幽默

人際交往中，總會有一些不如意。事事也不會和自己想像中那樣順利，還有一些莫名其妙突如其來的尷尬，總會讓我們覺得很丟面子，甚至感到難堪。其實想明白了根本就沒什麼，面對尷尬時刻，那些有幽默感的人的一句話或者一個行為，就可以巧妙地化解那些尷尬。更可能會通過他的智慧，讓那些本來尷尬的時刻，變成揚眉吐氣的瞬間。那麼，面對各類尷尬，有趣的人會怎麼做呢？我們來看下面這些例子。

高情商才能把難堪的事說得幽默，也能顯出一個人的有趣。

《超級女聲》出道的李宇春在無數選手都銷聲匿跡之後，卻成了巨星，這跟會說話不無關係。

有一次，李宇春在北京舉行歌友會。演唱過程中，一位粉絲上臺獻了束花，旁邊的助理一看，那麼一大束花，還要唱歌很不方便，就打算跑過去把花拿走。

不料李宇春微微側身示意不用幫忙，歌友會結束，多家媒體對她進行了採訪，一位不懷好意的記者問道：「為什麼不讓助理幫著拿花，是在故意討好粉絲嗎？」

李宇春微微一笑，「這其實很簡單，主要是因為我拿得動，又何必去麻煩別人？」

再來說說優雅的林志玲。

林志玲和一名男子牽手照片被爆，並稱是志玲姐姐的男朋友。照片中，林志玲被一個比她矮半個頭的翳渣男緊緊牽手，女神滿臉笑容，網友紛紛感嘆「一朵鮮花插在牛糞上」。而林志玲在出席活動時回應此句，「這怎麼說話呢，朋友是牛了點，但不糞啊。」

瞧！多機智，你有沒有被她強大的氣場感染。用調侃的方式去應付別人的攻擊和惡意。高情商、有趣沉穩、機智，這才是讓人心生喜歡的女神形象。

正是這些高情商的人才能把難堪的事說得幽默，也能顯出一個人的有趣。閃閃發光，人們才能被你吸過去，如果面對詰難一味地反擊，反而得不償失。

情商是你的精神長相，懂得好好說話，能讓你變得有趣。

瘋狂英語的創始人李陽就是這樣的人。

有一次，李陽去參加某網站的互動節目，一位嘉賓問李陽：「李老師，我觀察你很久了，你喜歡在微博上寫東西，更喜歡在文字後面加感嘆號，恨不能把別人能用一輩子的感嘆號一下子用完，這是什麼緣故啊。」

李陽答道：「用感嘆號是我的自由，我是瘋狂英語，我與眾不同，你不要問這麼幼稚的問題。」

嘉賓一臉尷尬，繼續問道：「凡是強調加重的，反而是內心虛弱的，你怎麼看網友的這個觀點。」

李陽答道：「說這話的人是神經病吧，我對別人沒有興趣。你們都是失敗者，成功者在這裡，多偉大的人，別人關我屁事。」

這樣的話一出，直接招到網友一陣炮轟，很長時間不敢露面。

一般而言，成功的人，他們要面對更多「尷尬」和「不堪」，需要面對常人更加難以想像的艱辛和跋涉，其間大多數都是有壓力的。

後來，我們從他們臉上，看到的大多是坦然和平和，為什麼？這就是境界，他們會選擇善良地面對、優雅地面對、坦然地面對，甚至幽默地面對。

情商是你的精神長相，懂得好好說話，能讓你變得有趣，更能受到別人的歡迎。

3 那些讓人捧腹的神回覆

讓人捧腹的神回覆，顧名思義，首先是屬於「回覆」，然後還需要一語驚人、驚世駭俗，達到讓人捧腹大笑的境界！當然，對於「神回覆」的定義，只能說它本身就非常個性、創意、富有內涵和想像力的開放型詞彙，沒有具體的或教條式的定義。

「神回覆」的基礎含義：基於某個問題或者某種現象，給出的出人意料的解答或者解析。或是無心插柳、蜻蜓點水式的調侃，卻具有讓聽者會心一笑、回味無窮、大呼過癮的絕妙效果。

真正意義上的「神回覆」並不僅用於褒義回覆，在部分情況下，反而有嘲笑反諷的貶義含義。

而神回覆能充分展示一個人的機智幽默。

比如，女人很喜歡問老公：如果我和你媽同時落水，你救哪個？神回覆：我和你爸都喝高了，你扶誰？是不是很機智呢，這種就可以稱為神回覆了。

您幸福嗎？我姓曾。

說到神回覆的起源現已無從考證，估計這個詞語的出現也就在二〇一〇年前後，互聯網社交平臺興起，微博、貼吧、論壇擁有火熱人氣。

但是對於神回覆的興起，可以肯定地說，要完全歸功於CCTV的大力「配合」。說到這裡，我們就必須要說說央視主導的兩次讓人尷尬的新聞調查了。

二〇一二年中秋、國慶雙節前期，央視推出了《走基層百姓心聲》，特別調查節目「幸福是什麼？」記者們分赴各地採訪幾千名各行各業的工作者，「幸福」成為媒體的熱門詞彙。

一次採訪過程中，一位外地來本地城市打工的人面對記者的提問時，首先推脫了一番：「我是外地打工的，不要問我。」該位記者卻未放棄，繼續追問道：「您幸福嗎？」這人用眼神上下打量了一番提問的記者，然後輕描淡寫地答道：「我姓曾。」

網友們被這位姓曾的大哥淡然自若的應答深深折服，成為街頭巷尾熱議的話題，一石驚起千層浪。

其實「神回覆」在網友心中的概念，已經遠遠超過了「回覆」的範疇。也就是說，「神回覆」並不一定要針對問題或者發問者。只要「回覆」能讓人感覺到意外，同時又能給人以驚喜，能讓人忍俊不禁，就可以稱為神回覆。這種類型的神回覆更加開放，往往是網路論壇上展現自己幽默，吸引「圍觀」的絕佳手段。

腦洞大開的一些神回覆。

（1）唐朝時候，少府監裴舒上奏皇帝，說宮裡的馬糞可以運出去賣掉，算下來一年能掙二十萬。但大臣劉仁軌不同意，說這樣後人會說大唐皇帝是賣馬糞的。

（2）劉伶為人放達，經常在家脫光了搞行為藝術。有人來了就笑話他，劉伶說，我以天地為屋，以屋為衣褲，你們幾個鑽到我褲衩子裡來幹什麼？

（3）明朝大將戚繼光經常挨老婆的打罵，部下看不下去，給他出主意說：「將軍好歹也是當朝名將，怎麼能一天到晚被一個婦人欺負，明天我等各執兵器列於兩旁，將軍請她來軍營訓話，震懾震懾她，以後日子也好過些。」

戚繼光聽了部下的計謀大喜過望，依計從之。

第二天營帳中寒光四射，殺氣騰騰，戚繼光的老婆進帳看到這種情況，厲聲問道：「你擺出這副樣子，想要幹嘛？」

戚繼光雙膝一軟撲通跪地：「別無他意，專請奶奶前來閱兵。」

（4）明天就是七夕節，你還是一個人嗎？

神回覆：難道我還會變成一隻狗嗎？

（5）公務員怎麼做到年薪千萬？

神回覆：方法都已經寫入刑法了，有需要的話可以前去查看。

（6）前女友就是你可以說她不好，但絕不許別人說她不好，這是一種怎樣的心態？

神回覆：怎麼好意思承認自己以前瞎呢！

（7）歷史上有什麼著名的秀恩愛事件？

神回覆：烽火戲諸侯。

（8）矮是什麼感覺？

神回覆：所有人見到我都抬不起頭。

（9）為什麼在洗完澡之後，一些人會覺得自己變帥、變漂亮了許多？

神回覆：腦子進水了。

（10）什麼讚揚讓你比較尷尬？

神回覆：哎呀，這位小夥子，人不可貌相啊。

這些神回覆是不是很有意思，和朋友交往中多使用些神回覆，會讓其看起來更加有趣。

4 善於自嘲的人會變得越來越有趣

我們每個人都不是完美的，但又不能因為不完美而放棄對完美的追求。做人做到八十分，對於少許的瑕疵，可以抱著開放的心態，被人嘲笑一下也無妨。聰明的話，可以先下手為強，先自己自嘲一番。一來可以堵住別人的嘴，二來真的增進親近。

自嘲是一種高級幽默。

自嘲的前提是自信。非常自信，才能自嘲。自嘲是高級幽默的一種，擁有自嘲技能的人會顯得謙遜，也不會傷及無辜。一個善於自嘲的人、讓人有「舒適感」的人，會變得越來越有趣。

自嘲本身就是一種高情商的表現，用得好了分分鐘可以圈粉無數。

我們每個人都是完整的，因為所有的缺點，都屬於我們自己，它們造就了我們，而不是路人甲。學會與自己的缺點共存，只要它們不是影響你進步的阻力、成為妨礙你優秀的羈絆，你真的可以微微一笑很瀟灑！

自嘲在心理健康專家看來是一種最高級的幽默，但把握尺度是很難的。稍有不注意，可能就因為自嘲過度，而讓自己顯得特別虛假。如何才能成為一個真正會自嘲的人呢？

✿要有自娛精神

要想學會自嘲，首先要有自娛精神，才能不顧他人的眼光，讓自己處在被嘲諷的地位。有位幽默大師曾經說過：「只有娛樂自己的人才能娛樂大眾。」所以說保有自娛精神才能做一個懂得自嘲的人。

✿懂得分場合說話

從小父母就教導我們，說話做事要分清楚場合。場合對於交際也有直接的制約作用，面對不同的環境，不同的人物，我們說話也應該不同。自嘲也一樣，在面對長輩、領導或是比較嚴肅的場合時，我們應該收斂一點，不能嬉笑言語。

✿自嘲不可太過

自嘲是以自我為出發點，對發生在身邊事情的調侃。如果太「假」，過於花哨的描述，就會失去原意，變得虛假而毫無意義。

✿不可重複講

自嘲是半開玩笑的狀態，把事情用言語描繪出來，如果經常重複同一句話，就會讓自嘲失去該有的驚喜。

5 如何黑自己才能黑得漂亮

生活中，我們難免會遇到別人跟我們開玩笑，內心不夠強大的時候，也許還會因為這些玩笑耿耿於懷而心情鬱悶。但反過來想想，別人的嘴我們管不了，但如果在遇到不喜歡的玩笑時，能用自黑的方法一笑而過反而會為自己加分，變成緩解尷尬的靈丹妙藥。同時，也會因為適當的自黑增添幽默氣氛，讓大家覺得和你聊天輕鬆有趣。

真正有趣的人，懂得自黑，才不容易招黑。

南非前總統曼德拉，是個很幽默的老頭。在南部非洲發展共同體首腦會議上，曼德拉獲得了「卡馬勳章」。在獲獎感言的開場白中，他幽默地說：「這個講臺是為總統們設立的，我這個退休老人今天上臺講話，搶了總統的鏡頭，我們的總統一定很不高興。」

話音一落，台下笑聲四起。

笑聲過後，曼德拉正式發言。沒想到，當講到一半時，他不小心把講稿的頁次搞亂了，不得不停下來整理。

這本來是件有些尷尬的事情，但他卻不以為然，一邊整理一邊隨口說道：「我把講稿的次序弄亂了，你們要原諒一個老人。不過，我知道在座的一位總統，在一次演講的時候也曾把講稿的次序弄亂了，但他卻不知道，照樣往下念。」

整個會場哄堂大笑。

曼德拉運用自黑的方式面對尷尬和窘迫，他的這種機智的做法，便是我們常說的幽默。在我們的生活中，自黑能使人放鬆，放鬆能讓人從容，從容才可能做出正確選擇，這就是幽默的力量了。

自黑是幽默的最高境界，也是一個人有趣的體現，它決定不了別人是否喜歡你。成功的演講者常常巧妙地拿自己「尋開心」，借此拉近與聽眾的距離，調動現場氣氛，為自己博得「滿堂彩」。

跟擅長自黑的人在一起會感覺很輕鬆，他們既能用有趣的方式化解尷尬，也不傷及他人；他們不端架子，也不玻璃心，跟這樣的朋友在一起互相調侃，的確為生活增添了不少樂趣。

用自黑的方式能給自己打圓場，通過輕鬆風趣的方式來化解尷尬、窘迫局面，也給對方退路。所以，喜歡自黑的人自信又內心開闊。有人因自卑擔心暴露自己的缺點，更傾向於展現自己好的方面。而自信的人不會因為某一個特定的瑕疵，而改變對自己的看法，即便是主動向別人袒露，也能輕鬆處之。從這個角度來說自黑的人更加自信、更加有趣，也更受歡迎。

自黑的一些小技巧。

✿和陌生人之間的試探的時候，先主動的自黑

在我們生活中，有這麼一類人，好像當你剛剛認識他的時候，他就開始使用自黑。這種行為應該是：自黑界的先發制人。

這種自黑只要尺度把握好，一般來說會比較安全。因為對方還不怎麼瞭解你，所以他們並不清楚你是在故作謙虛還是真心訴苦，礙於面子也不好有太大的反應，所以這樣的自黑是低風險的。

另一方面，我們可以通過對方對你自黑的反應，來大體判斷一個人的性格。比如，如果對方馬上就安慰你，說明他很可能是一個比較單純善良的人；如果對方緊接著你的自黑繼續黑你，說明他可能是個自來熟或者尖酸刻薄的人；如果對方馬上轉移話題，他可能有點圓滑世故……

總之，自黑的開場白是一種有趣的社交方式，可以一試。

✿在冷場時活躍氣氛時自黑

在朋友聚會時，我們常常會面臨冷場的情況。而在冷場時適時的自黑，往往可以活躍氣氛，起到出其不意的效果。

✿別人取笑攻擊時自黑

這可能是最無奈的一種自黑了，當別人對我們說三道四，如果為自己辯解，可能效果不太好，所以不要害羞臉皮薄。「善自黑者，人不黑之」，把別人想說的自己先認了，讓別人無話可說，於是，整個世界就清靜了。

6 要想成為一個有趣的人，就要不斷學習如何開玩笑

生活中那些有趣的人不會對失利或不快耿耿於懷，也不會忸怩作態，一本正經無聊地生活著。而是想著如何儘快地融入人群娛人娛己，快快樂樂。所以要想成為一個有趣的人，就要不斷學習如何開玩笑。

開玩笑需要注意的一些問題。

在緊張的工作生活中，適當的開玩笑就相當於打了一針清醒劑，同時也是

朋友、同事之間的潤滑劑。但凡事都有度，玩笑開過頭了可就招人討厭了，一定要把握分寸和場合才能起到最好的效果。

✿不要總和同事開玩笑

開玩笑要掌握尺度，不要總是在大大咧咧開玩笑。這樣時間久了，在同事面前就顯得不夠莊重，同事們就不會尊重你；在領導面前，你會顯得不夠成熟、不夠踏實。領導也不能再信任你，不能對你委以重任，這樣做實在是得不償失。

✿不要以為捉弄人也是開玩笑

捉弄別人是對別人的不尊重，會讓人認為你是惡意的，而且事後也很難解釋。捉弄絕不在開玩笑的範疇之內，是不可以隨意亂做亂說的。輕者會傷及你和同事之間的感情，重者會危及你的飯碗。記住「群居守口」這句話吧，不然禍從口出，後悔晚矣。

✿不要以別人的缺點或不足作為開玩笑的目標

金無足赤，人無完人，不要拿同事的缺點或不足開玩笑。你以為你很熟悉對方，隨意取笑對方的缺點。但這些玩笑話卻容易被對方誤認為你是在冷嘲熱諷，倘若對方又是個比較敏感的人，你會因一句無心的話而觸怒他，以至毀了兩個人之間的友誼，或使同事關係變得緊張。切記，這種玩笑話一說出去，是無法收回的，也無法解釋。到那個時候，再後悔就來不及了。

✿不要和異性開過分的玩笑

有時候，在辦公室開個玩笑，可以調節緊張工作的氣氛，異性之間玩笑亦能讓人拉近距離。但切記異性之間開玩笑不可過分，尤其是不能在異性面前說黃色笑話，這會降低自己的人格，也會讓異性認為你思想不健康。

✿不要板著臉開玩笑

幽默的最高境界，往往是幽默大師自己不笑，卻能把你逗得前仰後合。然而在生活中，我們都不是幽默大師，很難做到這一點，那你就不要板著面孔和人家開玩笑，免得引起不必要的誤會。

✿要注意場合和對象

笑話的內容必須因人而異，對於有地位、有身分、有學問的人，說一些庸俗的笑話便會顯出你的粗鄙；對普通的人，你說一些高雅的笑話，他們不能領悟、不會覺得好笑。可見說笑話也不是一件容易的事！

最後只要努力學習，認真觀察，總會有收穫，希望大家都能做個「會開玩笑的人」。

7 真正有趣的人在逆境中仍能保持幽默

一個在逆境中還能保持幽默的人，無疑是個真正有趣的人。一般人在逆境中，愁眉苦臉，連哭都來不及，哪兒還有心思幽默呢。幽默是對抗乏味生活，從容度過逆境的最好良藥。

真正有趣的人，即使身處逆境，仍能保持幽默。幽默不僅僅只是惹人發笑的工具，更是一種生活態度。尤其是在當今這個充滿競爭和壓力的社會裡，這是從容人生的極致表現。面對困境時，自我嘲諷，一笑而過。幽默是一種才華，從我們微笑裡透露出堅韌；幽默是一種藝術，是一切智慧和快樂的源泉；幽默是一服良藥，給予即將沉淪的心靈再次煥發生機的能量。很多時候，看似不可能解決的問題，一個小小的幽默就可能化腐朽為神奇。

在逆境中保持幽默的幾個小技巧。

要想成為一個在逆境中保持幽默的人，最重要的是要學會保持良好心態。良好的心態，就是良好的心情。一個人，如果每天都能保持一份好心情，樂觀地面對挫折，那麼他才能每天過得快樂和充實，才會變得越來越有趣。

那麼，遇到逆境心情不快時，該如何保持幽默，做一個有趣的人呢？

✿向親人朋友吐槽

心情不好卻悶著不說會悶出病來，有了苦悶應學會向人傾訴的方法。首先可以向朋友傾訴，這就需要先學會廣交朋友。如果經常防範著別人的「侵害」而不交朋友，也就無交流可言。把心中的苦處能和盤倒給知心人，並能得到安慰的人，心情自然會立即由陰轉晴。

✿發展興趣愛好

人生的道路崎嶇不平，難免會有挫折，也少不了煩惱。此時此刻，應迅速把注意力轉移到別的方面去。興趣是保護良好的心理狀態的重要條件，人的興趣越廣泛，適應能力就越強，心理壓力就越小。比如，同樣是逆境中的人在節假日空閒的時候，有的人會無所事事，覺得孤獨和失落；而有的人則覺得休息一下更好，可以充分利用這些時間看書、寫字、創作、繪畫、養鳥、釣魚、種花等等。總之，興趣越廣泛，生活就越豐富、越充實、越有趣，會讓人覺得生活中處處充滿陽光。

✿常懷善意和寬容

人與人之間免不了有這樣或那樣的矛盾，朋友之間也難免有爭吵、有糾葛。只要不是大的原則問題，可以用幽默化解。絕不能得理不饒人，無理爭三分，更不要為一些雞毛蒜皮的小事爭得臉紅脖子粗，甚至拳腳相加，傷了和氣。應該有那種「何事紛爭一角牆，讓他幾尺也無妨，長城萬里今猶在，不見當年秦始皇」的博大胸懷和高風亮節。

✿心胸豁達，淡泊名利

最高品質的幽默是面對命運的幽默。現實生活中，有些人把名利看得很重，得隴望蜀、欲壑難填、財迷心竅、官癮十足。有的為了名利，不擇手段，一旦個人目的沒達到，或者耿耿於懷，疑竇叢生；或者心事重重，一蹶不振。而那些有趣的人，不會那麼斤斤計較，不會把名利看得那麼重，否則，容易導致心理失衡。

8 關注時尚詞彙與流行語言，幽默也要有時代感

為什麼大家都很熱衷於講些流行語呢？因為在流行趣味的年代裡，什麼都要有趣，說話也是一樣。一個人說話，不能枯燥、不能味同嚼蠟、不能按常理出牌。最好還能抖一兩個包袱出來，逗人發笑，自然能顯出自己的有趣。

幽默也要有時代感，你落伍了嗎？

幽默也要有時代感，經常看些漫畫，閱讀的時候多找找有趣的評論和俏皮話。幽默的語言內容，主要靠平時的學習積累。學習書本上的、學習實踐中的、向上司學習、向同事學習、向客戶學習、甚至向競爭對手學習、向敵人學習。有如燕子築巢——點滴積累；有如母豬進餐——兼收並蓄；有如老牛吃草——反芻回味；有如郎中看病——記錄在案。

注意積累，成為一個合格的段子手沒那麼難。

而我們想要成為一個合格的段子手就要關注熱點，要緊跟時代潮流才能保證段子的新鮮度，畢竟不是每個人都是卓別林和憨豆，只圖笑一時就好。具體需要注意以下幾點：

✿多看新聞熱點和熱門影劇。

人是個群居動物，每個人也必須緊跟時代潮流。需要時刻更新新鮮的詞彙和各種段子，不然別人請你去吃個六塊錢麻辣燙你還覺得是真愛。經典的電影臺詞和動作的模仿，也會在關鍵時刻拯救你。比如你和妹子約會的時候不知道說什麼，這時候你就可以微微一笑說：「我覺得你剛才的表情好像生氣的『大表姐』。」然後就可以聊聊電視劇，談談愛好生活什麼的，話題就會展開了。

電視劇《甄嬛傳》熱播時，劇中的臺詞因為「古色古香」，包含古詩風韻而被廣大網友效仿，並被稱為「甄嬛體」。其中，網友引用最多的一句話就是「想必是極好的」。

而TVB的一些電視劇，教給我們的是無聊但又很幽默的道理。比如「做人呢，最重要的是開心」，然後就是「你餓不餓，我煮碗麵給你吃。」

✿多看外國電影。

我們經常在美國大片中看到，美國人將幽默精神演繹得淋漓盡致。比如在戰爭中，一個哥們中槍了，不巧打到的部位是褲襠。那個哥們一邊捂著襠部一邊調侃地說：「幸好不是兩個都中槍，不然換成鋼球走路會碰得噹噹響了。」

✿多看真人秀和脫口秀節目。

這種節目的主持人要有很高的臨場反應能力，所以他們的救場能力相當強大。還記得有次觀眾吐槽主持人身高時，主持人立馬自嘲一句：可能是因為我脫口秀比較好吧，說完來了一個基本功的繞口令，化解了尷尬。

✿ 儘量不要讓自己處於尷尬的境地。

前面我們說到幽默的一個很大用途就是化解尷尬，那麼最好的幽默方式就是不要讓自己處於尷尬的境地。因為不是所有人在面對任何情況時，都能做到幽默化解，多數都是以尷尬結尾。所以不要輕易地讓自己處於這種境地，尤其是兩性相處之間，千萬不要以拉黑來試探他是否愛你。因為愛不是無休止的包容，而是有限度的相互理解。

9 閱讀有趣的書，提升自己的幽默感

不是每個人都有所謂的「幽默基因」，但是我們仍然可以借助很多種方法，讓自己變得更幽默一些，看書就是其中一種。經常看些漫畫、笑話和各種五花八門的冷知識，可以讓你積累很多笑料。

即使遇到了充滿挑戰性的情況，也要儘量搜尋一些好玩的、幽默的東西。幽默的語言內容，主要靠平時的學習積累。

愛讀書的錢鍾書

錢鍾書先生幼承家學，學識淵博，精通多門語言，經史子集侃侃而談。後來上大學後，橫掃清華圖書館。清華藏書之富，在當時各大學來說是數一數二的。清華圖書館書庫、書架上的書，滿滿的幾十萬冊，中外古今圖書無不應有盡有。學生可以到書庫裡去看書，左右逢源，輾轉相生，可免借還之勞。

有人說：「此中樂趣，不可形容，恐怕只有饑鼠入太倉之樂仿佛似之。」——上述這一段話，可以作為錢鍾書在清華的一個寫照。如果要借出來閱讀，須辦手續。據同學回憶，錢鍾書是在校借書最多的一位。

也正是閱讀了各種各樣有趣的書籍，讓錢鍾書變成了智慧而且具有幽默感的人。他會在半夜從被窩裡鑽出來，拿一根長竹竿，出門幫自己的貓打架。還會趁著妻子楊絳午睡正沉，用墨水在她臉上畫個花臉。

他們的生活簡單、充實，又不失小趣味，一直保持著如孩童般的真性情。而他的作品中，集合了中西文化元素的幽默之語。

我們可以從書籍中找到讓自己變得聰明有趣的方法，增加自己的儲備，然後將這些內容消化，變成自己隨時可以信手拈來之物。當你覺得有時候可以抖個機靈，說個俏皮話的時候，你的大腦已經組織出一個段子了，你就是個合格的笑料了。

讓你變得有趣的一些書籍：

（1）王小波《紅拂夜奔》

王小波天馬行空般的想像將讀者拉入了另一個世界，這本書有趣到極致。

（2）魯迅《故事新編》

在大多數人的印象裡，魯迅是一個一本正經的革命鬥士，那是因為他們都沒看過《故事新編》。《故事新編》極有趣，魯迅在書裡惡搞老子、大禹、後羿……

（3）高軍《世間的鹽》

畫家寫人寫事，說畫似的，好玩，極富畫面感。寫八〇年代秦大伯發明電風扇，爆笑。「風扇顯靈了……全院的人以各種姿態在半空中飛行，跟夏加爾的油畫似的。」

（4）劉亮程《一個人的村莊》

劉亮程是最接近莊子的活人。當地球人都覺得時間不夠用，他卻花大把光陰，去介紹兩隻螞蟻互相認識；研究驢為什麼不穿內褲。這書是農民賣萌指南，也是人類賣萌指南。

（5）馮內古特《冠軍早餐》

作者一上來就畫了個屁眼兒。故事很搞怪，語言非常有趣。還推薦馮內古特《貓的搖籃》《五號屠場》《沒有國家的人》。

（6）彼得・海斯勒《尋路中國》

美國紐約客記者潛伏中國多年，用白描的手段呈現了民間中國，裡邊的很多段子都特別搞笑。

（7）《英國人的言行潛規則》

英國人類學教授凱特・福克斯，寫的是英國人的自黑大全。用學術的態度，嚴密論證了英國人的虛偽、矯情、彆扭、蔫壞。

（8）《瘋狂實驗史》

人類歷史上的重口味科學實驗集。為了研究黃熱病的傳染方式，吃下病人嘔吐物；把屍體的頭切下來通電，看它能做出多少種鬼臉等；類似作品還有《冒煙的耳朵和尖叫的牙齒》。

（9）《唐朝穿越指南》

如果你要穿越到唐朝，衣食住行要注意些什麼？這本書選題很新穎，考據翔實。

（10）《隱疾》

醫學博士博爾溫・班德洛寫的，專講名人的人格障礙。假設戴安娜不是王妃，會是個抑鬱、暴飲暴食的購物狂；如果夢露沒成為明星，會成為流落在好萊塢街頭的兼職妓女……

（11）理查・懷斯曼《怪誕心理學》

為什麼我們相信星座？夏天出生的人比冬天出生的人運氣好？一本好玩的心理學普及讀物。

（12）《離奇死亡大百科》

作者花了十年以上，統計各種死法，發現美國人死起來真不挑時間、不挑地方。笑死、打嗝死、接吻死、口臭死等等。死亡主題的書很多，還有《先上訃告後上天堂》《死亡課》等。

（13）奧利維雅・賈德森《性別戰爭》

企鵝愛搞基，海豚是西門慶……動物們提出各種性愛困擾，性學博士給予它們生猛又專業的回答，把枯燥的生物學專業知識寫得輕鬆搞笑。

（14）傅尼葉《爸爸，我們去哪兒》

有兩個殘障兒子該怎麼辦？照樣毒舌、照樣嘲諷！超越苦難的方法之一，就是調戲它。國內有《爸爸愛喜禾》《爸爸愛喜禾2》。

（15）《魚為什麼放屁》

狗為什麼吃屎？哪種軟蟲會從你的鼻孔裡爬出來？——這就是英國人寫的「無用及噁心的知識大全」。同類還有國內科學松鼠會的《冷浪漫》《當彩色的聲音嘗起來是甜的》等。

（16）村上龍《所有男人都是消耗品》

村上龍是作家中三觀不正的典範：「美人三天就膩味，這是使醜女免於自殺的謊話，醜女就連遭人膩味都談不上。」「美醜、出生、成長、命運，這些都是才能的一部分」。村上龍的《無限近似於透明的藍》很重口味，內地還出了他的《孤獨的美食家》。

（17）保羅・詹森《知識分子》

專講名人壞話的書，盧梭、羅素、薩特等頂尖大師都被寫得特別不堪。盧梭《懺悔錄》以真誠著稱吧？假的；西蒙波娃是女權界教母吧？結果一生被一個男人控制得死死的。這本書除了刻薄、記仇，還有一個特點：囉唆。

（18）陳丹青《退步集》

陳丹青對城市、文化、教育等幾個大領域都有獨家見解，他的語言是體制外的，蠻橫、過癮。他的書我本本熱愛，《退步集續編》《荒廢集》……

（19）希欽斯《致一位憤青的信》

希欽斯是美國資深老憤青、美國最受歡迎的專欄作家，逮誰罵誰就是他的存在價值。寫這本書就是要鼓勵憤青們，千萬別息怒、別妥協、別乖巧，百折不撓地憤怒下去。

（20）《安迪沃霍的哲學》

如果你膚淺、愛錢、虛榮、外貌協會、沒心沒肺，並且想把這些品質繼續保存下去，讀這書是個好選擇，這本書基本上算是安迪沃霍的自戀語錄。

第五章 有趣的人，字典裡沒有「冷場」二字

1 選擇有趣的話題開聊

大多數的情況下，交流是需要我們選擇話題的，雖然和有些人相處得很愉快，以至於我們可以無話不談。但是如果選擇了一些無聊的話題，恐怕對話就無法愉快地進行下去了，這會令人很尷尬。

聊天的娛樂性非常重要，一段充滿娛樂性的聊天，會讓談話者對你不自覺地產生好感，也會拉近彼此的心理距離。

聊天選擇有趣話題的一些小技巧。

如果你不會聊天，與人聊天老是會陷入僵局，苦於找不到聊天的話題，可以試試以下幾招：

✿要準備好有趣的問題來應對冷場

一定要準備好很多話題或問題，因為你不知道在冷場的時候，你們已經聊過哪些話題了。例子如下：

如果你需要放棄你五種感官中的一個，你會選哪一個？

你最不能理解的被很多人喜歡的一部電影？一首歌曲？一個名人？

你是願意坐潛水艇去海洋最深處，還是更願意當第一個在月球上行走的人？

如果你能在任何時代生活，你會選哪個？

你在大冒險中做過的最瘋狂的事是什麼？

如果你只剩下三個月可以活，你會怎樣度過？你生命中的最後一頓飯會是什麼？

如果你能將歷史上任意五個音樂家或樂隊組合起來，並讓他們做一個三天的音樂節，你會怎樣選擇？

你覺得一百年後世界會變成什麼樣？

如果你能像任何電影角色那樣生活一周，你會選誰？

✿改變一下常見的瞭解對方時問問題的方式

在初次見面的時候，聊天的過程總是會伴隨著很多必問的問題，所以談話會很單調。

為了讓你的談話更有趣，可以適當變化一下常見問題的提問方式，例如：

你人生中所經歷的最好的驚喜是什麼？

你最老的朋友是怎樣的？

你理想的工作是什麼？

誰是你最喜歡的親戚？

如果給你時間，你覺得什麼會是你最擅長的事？

在你現在工作中最喜歡的一點是什麼？

你更喜歡你的媽媽還是爸爸？

✿分享有趣的經歷

當然，談話的時候如果只聊一些工作、家庭、喜好、厭惡什麼的，會讓氣氛偏向嚴肅。用一些故事來引導這些問題會更有趣，還能展現你獨特的經歷以及幽默感。這些經歷不一定非要誇張，只要是能讓別人印象深刻的就行，朋友、家庭、同事的趣事都可以搬過來說。

✿從小事開始

人們在隨意地聊天的時候會覺得最舒服，尤其是他們剛開始瞭解對方的時候。根據經驗，建立一個網上帳號的時候，被提問的問題都是很好的選擇。比如：

你的家鄉在哪裡？它是什麼樣的？
你在哪兒上的學？你對自己學的專業滿意嗎？
你在哪兒工作？你有什麼好的同事嗎？
你覺得這部電影怎麼樣？
你喜歡什麼樣的音樂？你最喜歡的5個樂隊是？
你最喜歡的電影是什麼？為什麼？
你看書嗎？你會帶哪三本書去一座孤島？

2 有趣的人都是講故事的高手

大多數人都有過聽了一場枯燥講座的經歷，在聽到或者看到那些充滿理論講解的時候，大多數人的表現通常是無精打采，那些枯燥無味的東西會使人昏昏欲睡。可是一旦講解中開始出現譬如「從前，有個人……」之類的故事，昏昏欲睡的那部分人往往會頓時精神百倍，疲倦立刻消失得無影無蹤，開始聚精會神地聽起故事來。這就是妙趣故事的魅力所在。

由此可以看出，人人都喜歡聽有趣的故事。

而能講出一個精彩的故事的人，也一定是一個思維活躍的人、一個有趣的人、一個熱愛生活懂情趣的人。

愛講情懷的羅永浩。

如今所謂的互聯網是在比誰更會講故事，講得好的人贏得一切。

錘子科技的羅永浩說：為什麼有這麼多人喜歡看我們的發佈會，關注度這麼高？無非就是故事講得好。

他說他的目標是「在無趣的行業裡，做點有趣的事兒」。無疑，羅永浩是科技行業裡為數不多的會講故事，而且講得好的一個。

在國內的創業者當中，羅永浩講故事的能力絕對能夠排到前三。從《一個理想主義者的創業故事》這樣的演講，到《我的奮鬥》《生命不息、折騰不止》這樣的書籍出版，老羅把一個小鎮青年的逆襲故事說了無數遍。而這個典型的創業故事也被他講出了花來：

（1）天生不安分的「二貨」青年；

（2）潦倒叛逆的青少年時代，被主流社會文化價值所不容；

（3）一招悟道，開始發奮努力——作為無業遊民羅永浩開始學英語了；

（4）通過一場長期的職業學習和沉澱，開始有更高的追求，離開了新東方；

（5）掙扎很久後決定創辦一個屬於自己的門派，開始創業，後來創辦了錘子科技；

（6）隨之而來的一定是困難，克服困難，取得小成就，迎接下一站；

（7）迎來人生巔峰，在納斯達克上市，迎得美人歸。

其實，講故事不僅是一種技巧，而且還是一種思維方式。借助故事可以更有效地激勵、說服與影響別人。講一個好故事，你可以打動任何人，這也是創業者這麼喜歡講故事的原因所在。

我們每個人的背後都有一大串故事，而每一個故事，無論多麼小都能演繹成盪氣迴腸的精彩大片，就看你會不會講。千萬別小看會講故事的人，那不僅僅是耍嘴皮子那麼簡單。優秀企業家們，往往都是講故事的高手，這也是為什麼他們的品牌可以深入人心的重要原因之一。

張嘉佳──只希望做一個「講故事的人」。

青年作家張嘉佳是一個很有趣的人，他的人生起落，像一部跌宕起伏的電影。上大學時，父母給的學費他都會很快花光，然後才想各種辦法去賺錢。

畢業之後，他賺錢的唯一途徑就是用電腦打字。錢花光了交不起電費，沒電又掙不了錢，結果整整一個禮拜都沒飯吃，和室友靠喝自來水度日。他有過很多瘋狂的舉動，比如酒後爬過燈柱、拔過公車站站牌，最誇張的一次是在印度恆河邊跟一群朋友猜拳，誰輸了就跳進河裡。

有一段時間，他想過普通人的生活，遇到了一個自己喜歡的人，卻結婚半年就離婚了。最終，他選擇環遊世界四百天，花光了所有的錢……

張嘉佳在微博上連載「睡前故事」，引無數年輕人競相閱讀，成為文藝女青年心中的「男神」。他將這些故事合集出版了一本書《從你的全世界路過》，推出僅僅一周，就在各大圖書網站的銷量排行榜中名列前茅。

在做《非誠勿擾》嘉賓的時候，雖然「代班」時間不長，張嘉佳卻以幽默風趣的風格，以及在場上男嘉賓講述年少瘋狂經歷時，「觸景生情」地回憶當年的相似經歷，感動了無數觀眾。

張嘉佳說：「寫小說和寫劇本帶給我的成就感都很大。」但他並不期望自己成為「偉大的作家」，只希望做一個「講故事的人」。

其實我們可能沒有張嘉佳那樣精彩的故事，但我們每個人的經歷，再平淡也一定能挖掘出自己的動人故事。每個人都有故事可講，只是我們不知道如何去講，如何去加工、創作，講出動人的故事。

每個人都可以成為講故事高手。

我們每個人都有講故事的能力，從講一個好故事到講好一個故事，找到適合自己的故事和講故事的方式，你就能逐步成為會講故事的人。

想講好一個故事，可以借鑒以下幾個小技巧：

✿要發現合適有趣的故事

要以好奇的眼光和集中的精神去尋找合適的故事，不要忘了，故事不是被發明而是被發現的。

編故事後，要按照故事調整實際情況。為了提高故事的話題價值，故事要簡短、容易和有趣。對故事來說，最重要的就是其話題價值。故事的真實性很重要，其核心價值也很重要。

利用對話吸引聽眾，增加故事的互動性。加入比喻、小道具，特別是自謙的幽默話語會有更好的效果。

✿大量模仿偶像的語音語氣語調

從廣播、影視劇或者相聲界裡，找一個你覺得非常會說話的，精選一段他們說話的視頻或者音訊，反覆模仿，錄音對比。再結合你在技巧中學習到的故事能力，將這些故事模仿表達出來。

✿講故事的兩個習慣：入戲和打比方

入戲就是快速把自己融入戲中的角色，進入到那個狀態。任何一段演講、任何一段故事的內容，真正打動對方的除了背後嚴密的邏輯，更重要的是情緒，情緒營造出來的某種氛圍可以影響別人。如果你想要用自己的情緒感染別人，你一定不能是一個面部僵硬的人。

讓自己成為一個有情緒的人，那麼能掌控自己的情緒是非常重要的一步。

入戲的習慣是什麼呢？上大學的時候，我有一個偶像叫梅爾吉布遜，他拍了一個片子叫作《勇敢的心》，講的是蘇格蘭民族英雄威廉華萊士的故事。

這部片子裡面有一段威廉華萊士作為一個領袖，臨陣前發表了一段非常簡短、精彩的演講，這段演講讓即將潰散的農民軍又凝聚起來和英國人幹了一仗，並且把英國人打敗了。

這一段非常能彰顯威廉華萊士的英雄氣場和領袖氣質。然後你可以試著在大冬天的時候把衣服脫了，光著膀子在地上做五十個俯臥撐。背後放著《勇敢的心》的背景音樂，很恢宏大氣。那一刻，就會感覺很強壯，然後可以開始模仿威廉華萊士說話，這就叫作入戲。

入戲的意思就是，用各種儀式感讓自己進入到當下的角色和情緒裡，這樣才會講出好的故事。

✿多講多練

光看不練，即使你懂得了道理，也沒什麼用，所以，一定要實踐。

你可以用本文介紹的方法，寫一段自傳，從童年寫起，但是不要寫近期的生活。寫近期的生活會充滿挑戰，很難寫好，因為這裡面充斥著錯綜複雜的變化和遺漏。

除了童年故事，你還可以寫家庭故事、重述神話、傳奇和民間故事、夢的故事、改編短篇小說、基於新聞事件改編的十分鐘故事、紀錄片主題、三十分鐘原創故事短片、劇情長片等。

嫌生活無聊，可以寫個故事，讓生活變得有趣。順便來個高端吐槽：哎，電視劇上那些老套的故事，都沒我寫得好。甩出這句話，是不是覺得自己很酷呢！

願你挖掘自己的本能，成為講故事的高手！

3 不知道聊什麼，就聊聊吃過的美食

美食是個大話題，現在很多人以「吃貨」自居，一個肯在吃上下功夫的人也一定是個有趣的人。而且如果我們在飯館或酒吧約會，談話的時候，聊吃的話題比聊工作、孩子，更能讓大家放鬆下來，美食永遠是一個令人愉快的話題。

愛談美食的「吃貨」汪曾祺。

作家汪曾祺是一個很有趣的吃貨，在現代文學史上可謂是出了名的，大家一定都還記得初中課本裡那篇《端午的鴨蛋》。

有一年，汪曾祺去草原林區體驗生活。剛好6月的草原一片生機盎然，開滿了黃色的金蓮花。他好興奮，做了首打油詩，「草原的花真好看，好像韭菜炒雞蛋」。汪曾祺該有一顆多愛吃的心，才能看見什麼就想成吃的，把全世界都看成好吃的美食。

金庸就曾說過，「大陸滿口噙香中國味的作家，當推汪曾祺和鄧友梅。」汪老不僅愛吃美食，而且還喜歡聊美食。

所以愛吃的人，談起戀愛來也不怕沒話題，離不開吃就對了。在西南聯大，汪曾祺遇到了自己一生的愛人施松卿。汪曾祺素有美食家之稱，美食自然就成了他們的談資，他們每到一處，走遍小街偏巷，品嘗民間小吃，陶醉其間。

談論美食話題的時候，汪曾祺總是能說上許多，意態瀟灑。而施松卿總會忍不住笑起來，開心地大口咬下手中的胡蘿蔔。聽說吃胡蘿蔔可以養顏，她總會向農民買一大把。昆明的胡蘿蔔好像和別的地方不一樣，細嫩清甜，洗了可以當水果吃。她一面吃著一面不自覺地看他，他笑，說她吃了胡蘿蔔真的變美了，她覺得心裡甜甜的，臉上卻燒了起來。

大約就是從那時候起，他們的感情開始發芽的吧。用美食贏得愛人的芳心，汪老不愧是個熱愛生活、多才多藝的高級吃貨。

因為美食種類多、花樣多，所以可引起的話題也很多，一個熱愛美食的人一定是熱愛生活的。首次相見時，通過這個話題瞭解到對方對口味的喜好，很容易產生共鳴。如果自己手藝出眾，還可以邀請對方嘗試，製造第二次約會的契機。

談論美食，你不僅能瞭解她的口味，找到共同點，而且再也不用擔心沒有話題了。

如果她有拿手絕活，先不失時機地誇一下，接著問她，「聽得我都流口水了，哪天讓我一飽口福吧。」就算她知道你在恭維她，她也很受用。如果你也有一手，別忘了邀請她品嘗你的手藝。

讓人家感覺你真的很懂這方面的知識，說不定下次人家自己就送上門了。

不知道聊什麼，聊美食總沒錯。

我們常常以吃貨自居是對自己也是生活的一種調侃。活得越久味蕾的野心也就越大，慢慢地萌生了吃遍全世界的夢想。吃貨吃完之後能說出個子丑寅卯，如果你們在飯館或酒吧約會，談談各自喜歡的美味吧，這是一個令人愉快的話題。

談論美食，你不僅能瞭解對方的口味，找到共同點，而且也能擴展話題。不知道聊什麼，就聊聊以下幾點關於美食的話題吧！

✿可以自稱是個吃貨

吃貨顯得有親和力，容易與人拉近距離。我喜歡音樂、喜歡電影、喜歡文藝、喜歡動畫片。這些都太小眾了，不容易找到共同話題，擅自搭茬還容易暴露知識的不足。但是，吃！大家就肯定有心愛的味道，比如媽媽菜！見面聚會的話，一起去看電影？一起去音樂會？去旅行？如果你們還沒有那麼熟，這樣就不是很合適了。吃！沒問題啊，看看手錶，下班走著，吃飯也適合很多人一起行動，一來二去大家就熟悉了。以吃貨標榜的，一般人緣都不差，而且說自己是吃貨，感覺很真實、很靠譜，有種平易近人的感覺。

✿分享一些有趣的小吃店

說到吃，吃貨們知道那些隱藏於城市最深處角落裡的小店，知道哪家館子最能帶動氛圍，知道一切你聞所未聞的美食秘境。一個招呼一揮手，千千萬萬的人跟著走。大家都愛聽你講，大家都愛跟你混，一來二去的，領導才能就有了。

✿聊一些吃美食的獨特經歷

聊美食這個話題很容易展開，這年頭不流行見面聊工資（俗），也不流行聊天氣（簡單兩句聊完了）。你吃美食的獨特經歷，包含了你在哪兒吃、費多大勁吃的、吃的什麼、跟誰吃的各種話題組合，容易切入，方便擴展，以食物討論為由交換大量資訊。如果碰上個脾氣相投的朋友，一起聊聊煲仔飯的食材擺放方位對味道的影響，回家還能提升下廚藝。

另外，自稱吃貨的人一般都有那麼幾段為了吃而尋尋覓覓的故事，這故事聊起來細細分析其中的艱難險阻，以及最終吃到的成果。關於館子的各種神評論及嚮往之情，輕輕鬆鬆的一個中篇小說。

而且，美食的種類有很多種。貴的有山珍海味，便宜的有街邊小吃，只要是自己喜歡的，吃過的美食，都可以分享出來。

另外，美食不僅僅是簡單的味覺感受，更是一種精神享受。中國素來有「烹飪大國」的稱號，全國各地都有各種各樣的美食。比如西安的羊肉泡饃、肉夾饃、葫蘆頭；重慶的酸辣粉、火鍋和酸菜魚；南京的鴨血粉絲湯；廣州的各色點心、海鮮；北京的烤鴨。

在這些充滿地方特色的味道中，會有一種獨特的感受，那是有關記憶的。

那就是有關於家鄉的、有關於母親的、有關於一切美好東西的感受。一旦接觸到這種味道，就會得到一種莫名的感動，將這種經歷分享給朋友吧。

4 講一講你旅途上的見聞

有趣的人在聊天的時候，總是會聊到他們自己有趣的經歷，所以他們總是有聊不完的話題。不要吝嗇自己的旅途見聞，把它分享給別人，不但能收穫分享的喜悅，還能拉近自己與他人的距離。

樂於分享見聞的人，通常能得到意外的機會和眷顧。

生活中，樂於分享見聞的人，通常能得到意外的機會和眷顧。分享本身就是一件快樂的事，同時也是在向別人釋放一種信號：我不設防，快來和我交朋友吧。因此，千萬不要吝嗇分享自己的見聞，只要不是盛氣凌人，以顯擺的姿態去分享，沒人會拒絕的。

在和志同道合的好朋友聊天時，你們可能有著共同的愛好；如果是陌生人的話，你就可以聊聊旅行的話題，內向的朋友可以以此來鍛煉自己的聊天技能。一開始你們會聊到自己的見聞，彼此熟悉之後會更加容易融入對方的聊天話題，慢慢地你會覺得跟別人聊天也沒那麼難。

這說起來簡單，但是怎麼更好地講述屬於自己的故事，讓故事看起來有趣，而且更加有吸引力，也是一門很深的學問。

首先，講旅行故事的時候，可以以遊蹤為線索講述旅行經歷。所謂「以遊蹤為線索」，就是把自己的行程和看到的有意思的景點，按一定的順序講述下來。這樣，朋友們就能像放電影一樣想像你當時的情況了。

其次要注意詳略得當。遊覽一個地方，可以談論的東西很多，假如都像列清單一樣把所有的東西都說下來的話，就會「亂花漸欲迷人眼」，給人不知所云的感覺，所以要抓住自己印象深刻的景色去著重講述。

最後，講述的重點要放在那些有趣的經歷上。如果講的像記流水帳一樣就沒什麼意思了，所以要在語言上下功夫。比如說講一些火車上發生的趣事或者車上出售的奇怪食物更能撩起自己的回憶。

假如能在言談中精妙地穿插一些自己的想法見解，以及與所遊覽之處有關的歷史地理、神話傳說、民間故事等，更可以增加談話的生動性和趣味性。所以談論旅行經歷的時候，應儘量選用多種的表達方式，讓談話更加有趣。

5 把你的糗事說出來，讓大家樂一樂

所謂糗事，指的是令人尷尬、無可奈何的事。一般人會避之唯恐不及，但是那些有趣的人卻能夠把糗事當作笑料。讓自己的講話變得更為有趣味，更生動活潑，讓聽者笑聲不斷，氣氛爆棚。

自揭童年糗事的普京。

大家都知道俄羅斯總統普京是一個有趣的人，普京有很多項絕技，彈鋼琴、騎馬、開飛機、開遊艇、射擊……總之硬漢普京就沒有不會的項目。

公開場合中的普京，一向不苟言笑，然而生活中的他其實頗具幽默感。他的個人網站首次開通後，更是為他吸引了更多的目光，尤其是孩子們的。

登錄設計得極具卡通味道的普京網站後，不僅可以和普京總統聊天，分享包括養寵物經歷等家庭趣事，還能欣賞總統全家的照片。

普京還通過可視網路與俄羅斯兒童進行了輕鬆愉快的對話。

一位小朋友問：「您小時候上學遲到過嗎？」

普京坦白說：「我有時候也會遲到。我家離學校很近，所以我上學總卡著點……」

當被問及兒時是否也打架時，普京笑著說，當然也打過架。有一次，老師把我父母也叫到學校，但是這種情況「不是經常發生」。

不擺架子，主動講出自己的糗事，拉近了與孩子們的距離，也難怪普京的人氣這麼旺了。

要想講好一個糗事，除了要在內容上設置好鋪墊之外，自己的演繹能力同樣至關重要。可以毫不誇張地說，即便是一個平淡的故事，到了一個善於演繹的人手裡，卻能很搞笑！

那麼要如何做好演繹呢？

✿注意語速

最常見的問題是語速，太快的話，以至於聽眾尚未完全明白內中精彩，故事就已經結束了。同時，語速又與整體節奏相關。何處該快，何處該慢，無不關係著笑話的整體效果。

✿運用豐富的語調

千萬不要從頭到尾用一種語調，再好笑的糗事都會讓聽眾昏昏欲睡的。如果能做到抑揚頓挫、高低起伏，即使一個平淡無奇的故事，都能深深地吸引觀眾。

✿掌握多變的聲音

講故事的聲音是會變化的，時而尖銳，時而渾厚。同時還要會根據不同角色模仿其聲音特色，有時模仿女孩明快的聲音，有時模仿小孩天真的聲音，能迅速把觀眾帶入情景之中。

✿用表情帶動大家的情緒

在你講故事的時候，有的聽眾會關注你的聲音變化，而有的聽眾則會更關注你的表情和動作變化。

曾經有個法國演說家到英國演講，現場聽眾聽不懂法語，但是這個演說家的表情時而驚喜，時而悲切，依然打動了聽眾。演講結束後，有聽眾問剛才講的是什麼內容，翻譯說：他只是不停地在講鍋子、盆子、瓢子而已！

✿運用豐富的肢體語言

肢體語言有兩個目的：一是通過動作更好地闡述笑話的意思；二是通過誇張的動作來達到幽默的效果。

第六章 你識趣，別人才覺得你有趣

1 別人正說到興頭上，別輕易打斷和插話

卡內基說過：「傾聽，是我們對任何人的一種至高的恭維。」

生活中就有些沒教養的人，別人不講話他也不講，別人一講話他就打斷你。然後吧啦吧啦地說別的事情，你等他說完了，不說了，你一講話他又打斷接著吧啦吧啦地講別的事情，讓人厭惡！

喜歡打斷他人說話的人，交不到朋友。

小蓉是個大大咧咧的女孩，閒暇之餘她總喜歡找人聊天，可是很奇怪的是，小蓉身邊沒什麼朋友。剛到了一個新的工作崗位，謙虛熱情的小蓉很快得到了大家的喜愛，可是漸漸的大家都疏遠了她。

原來，在工作之餘，小蓉總是喜歡找同事聊天。本來聊聊天談談心可以交流感情，是一件好事情，可是小蓉的一個壞毛病害了自己。她一直想改，可是一旦和別人聊起天，就會把這事拋在腦後。

在和李姐聊起明星八卦的時候，本來只是閒聊，李姐無意中提起，某某某和某某某最近傳緋聞了。李姐才說了兩句，小蓉立刻就打斷了李姐的話。哪裡，我看網上不是這樣說的，明明就是某某某和某某某在一起的……

李姐見狀轉了話題，說到自己對人生的看法，可是沒說兩句又被小蓉給打斷了。直到最後一直都是小蓉在滔滔不絕地講話，完全不把李姐放在眼裡。可是小蓉卻沒有感覺到李姐的不快，自己的這種說話方式已經成了一種習慣、一種無意識。

下一次，小蓉又找李姐聊天，可是李姐卻藉故推辭了。然後小蓉找到其他的同事聊天，可是和她聊過一兩次以後，大家都不願意再和小蓉聊天了。小蓉很鬱悶，覺得是同事看她不爽故意排擠她。

打斷他人說話，是一種非常無禮的行為。生活中，我們絕大多數人都不喜歡自己正說得高興的時候，別人隨意打斷我們。俗話說：「說三分，聽七分。」

最有魅力的人不是口若懸河，滔滔不絕，而是用心地傾聽別人的訴說。傾聽不僅是對別人的尊重，也是一種有素養的體現。在我們與人交談的時候，不要急著替別人講話，人家只說了一個開頭，而你就立刻打斷，頭頭是道地說自己的見解。

每個人都有自己的想法，你怎麼知道對方接下來會說什麼話呢？你不要急著幫別人講完故事，故事他聽過，你也可能聽過，如果他才開始說，你就立刻打斷他，幫他說完接下來的故事，那麼他會覺得很尷尬，心裡會很不舒服。

別人在講述事情的時候，你也不要去打斷別人的話，即使這些事情你聽過無數遍，你也應該耐著性子，聽他把話說完，不到萬不得已，就不要打斷。

識趣的人，從不輕易插話。

識趣的人，從不輕易插話，善於聆聽別人。在聊天的過程中，插話和提問都要恰到好處。不需要滔滔不絕，只需靜靜聆聽別人的觀點，也能收穫別人的稱讚與尊重。在適當的時機插個話，你的反應就是一種鼓勵，對方受到鼓舞，才會更放得開講下去。

我們要做識趣的人，不管在什麼場合，傾聽、說話對於我們都很重要。在交際場上，很多人人際失敗的原因，不是失敗在他應該說什麼，而是因為他聽得太少，說得太多。不管是說話、傾聽也同樣是一門藝術，什麼時候該說話，什麼時候該閉上你的嘴巴，這都是很重要的。

在你作為一個聽眾的時候，別人在訴說著內心的話，你應該抱著同情和理解的態度傾聽別人的談話，這是維護人際關係，維護你們友誼的有效方法。在交談中，很多人喜歡唱主角，隨意打斷別人，一個人唱獨角戲。然而這些不但不能給你的口才加分，反而會讓人產生不好的印象。

在交際上，最大的錯誤就是隨意打斷別人。人們都有自我表現意識，即使你的說法正確，或者對方的觀點你不認同，你都不要輕易地打斷別人的談話。要知道傾聽是溝通的第一步，不輕易打斷別人的話是傾聽的基本法則。唯有你懂得安靜地傾聽，才能提高你的交際魅力，做一個好的傾聽者也是對別人的一種尊重。我們都希望被人尊重，也不希望在自己侃侃而談的時候，有人故意打斷你的話，這樣無論是誰，心情都不會好的。

人有兩個耳朵，一個嘴巴，古體的聽字是這樣寫的：「聽」，耳為王，就是讓我們在別人說話的時候，要多用到我們的耳朵；字的右側是「十、四、一、心」，這就是讓我們聽人說話的時候不但要用到耳朵，還要用到心。

我們在聽字裡，並沒有看到口，所以，在傾聽的時候，只要耳朵和心就好了。同時也說明了在別人說話的時候，插嘴不是一件好事情。多聽少說，在任何地方都會獲得別人的信任，還會給別人感覺我們不是一個愛說是非的人。

當別人說到一些事情的時候，可能會出現一些錯誤，你也不要為了雞毛蒜皮的小事情來打斷別人的話題。要知道我們自己在說話的時候如果被別人打斷，心情一定也很不好，所以你打斷別人的話，他也會有這樣的感覺。

我們總是要在吃虧了以後，才能意識到自己的錯誤，我們為什麼不在這之前改掉插話的毛病呢？學會傾聽對於我們任何一個人都很重要，出於對別人的尊重，出於我們的禮貌，不要輕易去打斷別人的話。

談話中技巧性地改變別人的說話思路，可以讓你變得既識趣又有趣。

記住當你識趣的時候，別人才覺得你有趣。所以我們在談話的時候，要注意自己的言行，譴責別人不尊重人的時候，也要反省自我，「有則改之，無則加勉」。當然不打斷不等於不說話，可以技巧性改變別人的說話思路，只要靈活運用以下的手段，就可以做到在實際關係中既識趣又有趣哦。

（1）當你要找正在說話的幾個交談者中的某一個人處理事情時，可以先給他一些小的暗示，他一般會先和你說話。但要注意的是，你不要靜悄悄地站在他的身旁。你可以先向他們打個招呼：「很對不起，打斷你們一下。」當他們停止交談時，用盡可能簡潔的語言說明來意，一旦事情處理完畢，立即離開現場。

如果你想加入他們的談話，則可以找個適合的機會，禮貌地說：「對不起，我可以加入你們的談話嗎？」或者大方客氣地打招呼，叫你的朋友互相介紹一下，就不會有生疏的感覺。

（2）交談過程中，如果你想補充另一方的談話，或者聯想到與談話有關的情況，想即刻作點說明，這時，可以對講話者說：「我插一句」，或者說「請允許我補充一點」。然後，說出自己的意見。這樣的插話不宜過多，以免擾亂對方的思路，但適當有一點，可以活躍談話的氣氛。

（3）如果你不同意對方的看法，一般也不要打斷他的談話。但如果你們很熟悉，或者問題特別重要，也可以先表示一下態度，待對方說完後再作詳細闡述。但不管分歧有多大，絕不能惡語傷人或出言不遜。即使發生了爭吵，也不要斥責、譏諷對方，最後還要友好地握手道別。

（4）如果對方與你說話的時間明顯拖得過長，他的話不再吸引人，甚至令人昏昏欲睡；他的話題越來越令人不快，甚至已經引起大家的厭惡，你就不得不中斷對方的話了。這時，你也要考慮在哪一個段落中斷為好，同時，也應照顧到對方的感受，避免給對方留下不愉快的印象。

2 有人請你評價他剛買的衣服，要說積極的話

知趣的人懂得看場合說話，知道什麼時候說什麼話會比較合適。可是生活中就是有這麼多讓人哭笑不得的情況，人與人交流的時候，最講究的是讓彼此舒服，如果不「識趣」，那你的「幽默」，在別人看來可能就是「嘴賤」。你自以為是「隨性」，在別人看來就是「無趣至極」。

一句話能成事，一句話也能壞事。

通常，不識趣的人往往具有極強的「進攻性」。不識趣的人跟別人聊天，會讓對方特別難受，因此，別人一般都不願意跟他們聊天。自認為有趣、自認為瞭解對方、自認為對方跟自己在一個頻道上，信口開河，都是不識趣的表現。

良言一句寒冬暖。讚美他人會使別人愉快，也會使自己身心健康。被讚美者會覺得你識趣，這會讓我們更加有魅力，形成人際關係的良性循環。

在人際交往中，很多人都明白讚美話語的神奇作用力。俗話說：「良言一句寒冬暖。」用眼睛發現身邊人的優點，讚美他有意或無意露出的特色，「心靈直通快車」瞬間就啟動了。

要學會控制自己的情緒，話話不要太極端。

我們常會聽到這樣那樣有個性的宣言：我性格就是這樣，我就喜歡直來直往，我就是這麼真性情，我這是真情流露……

你可以說：你真是傻；但你不能說：你傻得豬似的！

你可以說：你的成績不是很理想哦；但你不能說：我差一分就滿分了，好煩。

你可以說：你的工資在行業內不算高；但你不能說：你很難有像我這麼高的工資。

你可以說：衣服顏色跟你的膚色不是很搭；但你不能說：你今天穿得好醜。

說話委婉一點，用一些小技巧誇別人，會顯出你的識趣。比如，從款式角度：衣服比較怪異你可以說特別；正統你可以說有氣質；樸素你可以說簡單大方。

3 讚美也要適可而止，過度讚美惹人煩

有人把讚美轉變成阿諛奉承，整天圍著上司轉，頻頻灌迷湯，以讚美來討得上司歡心，以求達到自己的目的；有的人為了讚美別人，分不清對象，找

不準特點，讚美的話張冠李戴，不假思索隨口而出，令被讚美之人聽後心裡很不舒服。對年長者誇人家真帥，對年輕者見面就誇人家身體健康，對胖者誇的是這人真有福氣，胖得像豬一樣；還有一些人，為了讚美而讚美，見了上司就誇，「你真漂亮，是我見到的第一美人」「你說的話真好聽，我從來沒有聽到過這麼好的話」「你真英明、偉大，沒有你當我們的領導，就沒有單位的今天」「你是我遇到的最有能力的人，在做事和為人方面沒有誰能比得上你了」。如此對上司的「恭維」，讓人感到肉麻，聽起來也會叫人不舒服。

讚美要發自人的內心，因為你要讚美的人，是你瞭解的人，你要讚美的話，是來自於被讚美人的優點。如果你能準確地用善意的、優美動聽的語言，自然地將對方的優點讚美一番，既能使在場的人引起共鳴，也會使對方感到心安理得。

一個氣球吹得太小，會不好看；吹得太大，很可能會吹破。同理，識趣的人對他人的讚美總是會適可而止——真誠的讚美應該是恰到好處。讚美也講究個度，要充滿真誠、發自肺腑。

人人都喜歡聽讚美的話，這是人的本性所決定的，但不一定所有讚美的話都能讓人喜歡。因為在說讚美話的時候，要分場合、分對象、用恰當的語言讚美，才能贏得被讚美者的喜歡。否則，讚美話說得再多，也不可能達到讚美的效果。

讚美別人的幾個小技巧。

在交談中，識趣的人往往懂得如何讚美對方，懂得把握分寸，取得很好的效果，讓人覺得這個人真會說話，很受用。記住，恰如其分、點到為止的讚美才是真正的讚美。使用過多的華麗辭藻、過度的恭維、空洞的吹捧，只會使對方感到不舒服、不自在，甚至難受、肉麻、厭惡，其結果是適得其反。

在用稱讚的方式談話時，要注意以下幾點：

✿稱讚要發自內心，要真誠、要誠懇，不要故意做作

由衷的讚美，哪怕是一句平平常常的話、一個充滿敬意的眼神、一下輕輕的拍肩，都會產生意想不到的效果。

✿稱讚要具體而不要抽象籠統，讚美要有針對性和具體化

如果我只告訴某人他幹得不錯，然後走開了，他會怎麼想，他會感到很糊塗，心中納悶：「我哪點做得好？」

✿讚美要實事求是，不要太空泛

讚美有很重要的一點要注意，讚美人不可言過其實。讚美如果不真實，會讓人如坐針氈，渾身感覺不自在。

總之就是不能太假。太假的話反而會讓人反感，不但不會讓人覺得自信增強，反倒會覺得受到侮辱。所以讚美別人務必要具體化，要有事實、有根據，否則就變成了阿諛奉承或是別有用心。

✿間接的讚揚比直接的稱讚要來得有力

真誠坦白地直接讚美別人，固然能取得效果，但如果用詞不當，就可能使讚美之詞淪為阿諛奉承，給對方留下不好的印象，讓人覺得你的讚美之詞太露骨、太肉麻。你如果擔心出現這樣的結果，那麼最好採取間接的讚美方式，著重表達自己對某一類人或物的讚美，同樣會收到不錯的效果。

✿稱讚要有度，懂得適可而止，不可過度讚美，不可無限拔高

總之，每個人在生活中都有其各自不同的輝煌成就，這一點是每個人都會引以為自豪的。只要我們及時發現他們的優點，並加以誠懇的讚揚，定能加深雙方的聯繫，使我們與對方迅速融洽起來，那麼生意上的障礙肯定會不攻自破。

讚美他人不宜滔滔不絕地去讚美，讚美的好話說的太多會露出破綻。因此讚美應該是適可而止。說讚美的話也有學問，並非人人都能把讚美的話說到恰如其分。所以要注意技巧，既能使對方欣然接受，又能贏得對方對自己的好感，以達到其真正的讚美效果。

假如在聚會上發現某人的歌唱得不錯，你對他說：「你唱歌真是比張學友、劉德華都動聽。」這樣讚美的結果只能使雙方都陷入難堪。但若換個說法：「你的嗓音真不錯，唱起歌來挺有感覺的。」他一定會很高興。所以說，讚美之言不能濫用，讚美一旦過頭變成吹捧，讚美者不但不會收穫交際成功的微笑，反而要吞下被置於尷尬地位的苦果。古人說得好，過猶不及。

✿讚美方式有講究

「喜新厭舊」是人們普遍的心理，所以讚美應該盡可能有新意。陳詞濫調的讚美，會讓人覺得索然無味；新穎獨特的讚美，則會令人回味無窮。對於讚美的話語要做到準確、精練，並且慷慨大方。

✿讚美要分清場合

當我們要對他人進行讚美時，一定要分清場合。如果公共場合大肆讚美他人，儘管你自己是發自內心，但別人會認為你這個人很虛假、很做作。

✿讚美的話要及時

對他人進行讚美要及時，及時的讚美能起到雪中送炭的作用。別人正需要的時候，比如獲獎了或取得了某些成功，在祝賀的時候，要及時進行讚美，這樣更能起到鼓勵的作用。

4 幫助朋友，不要總把你的恩惠掛在嘴邊

在生活中，有功於人不可念，給別人的恩惠和幫助，不要掛在嘴上念念不忘；對不起別人的地方，我們一定要時時反省。別人對我們的幫助不能忘記，而對不住我們的地方，需要有一顆體諒之心。

一個人的境界高低決定了其成就的高低，如果只記住你對他人的恩惠，而又常常拿出來誇耀，一定是一個心胸狹窄的人。一個識趣的人，要學會忘記自己給予別人的恩惠，也要時刻記得別人給自己的恩惠。如果你天天把自己對別人的那點好掛在嘴邊，慢慢地別人對你的感恩之情，就會被你的屢次提及給耗盡。

總把恩惠掛在嘴邊的人，沒朋友。

樂於忘記其實是一種美德。要知道老是提起你給別人的恩惠，本來是做的好事，卻惹得別人厭煩，最後反受其害，搞得自己痛苦不堪，何必呢？

樂於忘記對別人的恩惠，才能得到別人的心。樂於忘記，也可理解為「慷慨大度」，這是一種「識趣」的體現。

在日常生活中，凡是別人幫過你的，一定不要忘記，要懂得報恩。而如果你幫助過別人，就不要奢求回報了。如果你刻意要求回報，你先前的這份情感投資就成了注水的豬肉，最終不會得到任何好處。

別人得罪了你，本是一件芝麻大的事，笑一笑就過去了。你卻氣憤難平，好像對方在故意刁難，往往就會把小火星燒成沖天大火。到那時，你的人際關係會糟糕的不可收拾，大家見了你就繞道，唯恐避之不及！等你遇見困難、摔了跟頭，誰還會幫你？

幫助別人，也需要一些小技巧。

要想做個識趣的人，在幫助朋友的時候一定要注意以下幾點，才能贏得他人的尊重，收穫朋友的真心，換來更大的回報。

✿要有同理心，不提對別人的恩惠

鑒於這樣的認知，生活中我們常常最不願面對的就是受人恩惠。正所謂拿人手短，吃人嘴軟。欠了別人的人情，感覺在他面前一輩子都抬不起頭。所以，反過來想，當我們對朋友施以援手時，為了不讓這份情誼變質，最好也不要總把恩惠掛在嘴邊。

✿不張揚，以平等的方式幫助別人

生活中，常常把自己的恩惠掛在嘴邊的人是令人厭煩的，尤其是在朋友之間，這種無形的傷害更是巨大。須知，幫助常常是出於同情，而同情本身就帶有居高臨下的姿態。若總在朋友面前提起自己對他的幫助，就會讓對方時刻感覺到矮人一頭，這樣的感覺，沒有誰會喜歡。因此，總是張揚自己恩惠的人，可謂無知。

✿助人為樂，不求功

「事了拂衣去，深藏功與名。」親戚、朋友、同事，無論誰遇到犯難的事，只要力所能及，我們要盡最大能力幫助他們，過後也不要提及，更不能居功自傲。就算別人沒有鄭重其事地感謝你，也不要苛求，學會以通達包容的態度看待周圍的一切。

5 有一種情商叫不拆穿你的謊言

孟非說，識別別人的謊言，靠的是經驗，或者是一種能力。但是發現了別人的謊言，不把它說破，靠的是一種境界、一種修養。不是所有的謊言都需要發現了，就把它說破。在生活中，對於身邊人做出的不妥之事，有時我們會一眼看破其本質。但是礙於對象、場合和時機，並不合適說破，否則，既容易讓人下不了臺，又可能傷了感情。

人生已經如此艱難，你又何必再去拆穿。

在電影《美麗人生》中，父親蓋多為兒子編織了一個美麗的「白色謊言」，是一個父親在極端環境下給兒子的「恩賜」。這樣的謊言可以奏效，與蓋多的篤定、睿智分不開，旁人的不拆穿也尤為重要，後者尤其令人感動。

在這個可怕的集中營裡，蓋多告訴兒子所有的一切不過是場遊戲，囚犯是遊戲者，必須遵守規則；士兵是仲裁人，不得不假裝嚴厲。任何人只要完成這場遊戲就可以贏得獎品，頭獎是一輛坦克——真正的坦克。

蓋多聲稱在房間裡預定了床位，這種荒誕的開場並沒有使獄友發出質疑或者不屑；

蓋多安慰兒子說獄友都是熟人，也沒人否認；

蓋多問巴圖是否有送過果醬麵包，巴圖無奈地點點頭，露出苦澀的笑容；

父親帶著微笑向兒子解釋遊戲規則，沒有人拆穿他的假話；

這些人雖然大都自身難保，但沒有再去落井下石。不以別人的痛苦和尷尬為樂，而是默默維護這黑暗中的希望之光，真是無比善良。

是啊，「人艱不拆」。別人的人生如此地艱難了，你又何必不知趣地拆穿呢。如果你不能為他人的幸福添磚加瓦，不拆穿就是一種最大的善良。一個成年人應盡力避免使他人陷入尷尬的境地，這是一種美德。

鄭板橋說「難得糊塗」。拆穿謊言雖然大快人心，但拆穿謊言有時候實在是沒有必要。如果我們假裝相信，反而會讓大家更愉快和諧。有人可能因為經濟窘迫而謊稱沒有時間參加聚會；有人可能忙於打遊戲而謊稱沒有看到消息；有人可能剛剛起床卻告訴約好的人正在下樓；有人可能為了面子或者其他什麼東西而誇大部分事實……

不拆穿並不會對人造成損害，而拆穿則會使說謊者陷入尷尬，或者不得不再次說假話，這是更大的惡意。

看破不說破，有些謊言不要去拆穿。

情商高的人，在與人交往的時候懂得察言觀色，更能受到大家的歡迎。畢竟一個懂得看形勢、識趣的人，誰不喜歡呢？要想成為一個識趣的人，在與人交往時要注意以下幾點：

✿克制自己，說話的時候注意場合

謊言有時會造成損害，為避免損害而戳破謊言無可厚非。但我認為我們應當盡可能保持克制，儘量不在眾人面前拆穿。我們不需要當著眾人面揭發冒充殘疾人的乞丐，也不必冷嘲熱諷使說假話的「渣男」（或者「渣女」）難堪。如果要避免損失，我們責無旁貸，但也有義務選擇一種委婉的、和風細雨的方式。儘管我們有許多理由給予不堪的人以致命一擊，但也不必真的使他不能下臺。

✿講道義，儘量不傷害別人

對於一件可能造成損害的事情，如果可以做可以不做，那麼最好不做；如果必須要做，也應當把損害降到最低。這是我們內心的「自由裁量」，把自己的快樂建立在別人的不快樂之上，終歸是有些不道義的。

✿不是原則性問題，不要多管閒事

當然「拆穿」未必是指拆穿謊言，也可能是揭示被蒙蔽的真相。如果一個人篤信拜佛可以發財，不必去反駁他。因為拆穿了並沒有什麼好處，不拆穿也沒有什麼壞處。所謂看破不說破，朋友繼續做。像這樣一些事情做起來也十分容易，只要不多管閒事就行。

✿來說是非者，便是是非人

我們不拆穿，免得對方尷尬，免得自己顯得咄咄逼人。不能與人為善之人，最終必為他人所疏遠。在人世間，最貼心的一句話永遠是：我懂你！對待他人，無論是所愛的人還是萍水相逢的人，我們需要的只是「同情的理解」，只是沉默，只等待時間為我們展露真相。

6 如果不是請客，就別讓朋友買單

生活中，總有一種人，吃飯的時候最積極，買單的時候總假裝糊塗。每次吃完後都說下次我請你，但從來不請。朋友之間的情誼是需要經營的，今天他請你吃海鮮大餐，明天你請他吃蛋糕甜品。禮尚往來，重點從來都不在於

「禮」的輕重，而在於是否有「往來」。

那些占了一時便宜的人，終將失去一群朋友。

朋友之間的交往其實都是平等的，無論你是達官貴人，還是市井小民。他有錢，不代表他有義務替你買單；你沒錢，也不代表你有權力讓他買單。無論是朋友還是情侶，如果不是請客，就別讓朋友買單。

如果你不愛他，也請別老讓他買單。

你在生活中是不是也遇到過這樣的人，她們把年輕當成本錢，把美貌當成男人錢包的通行證，遇到追求自己的人，只要不反感就不拒絕。她愛花，他便每天一枝玫瑰；她愛笑，他便每天一則段子；比如她愛吃，他便淘盡天下的美食。

因為愛她，所以只要她喜歡的，他通通滿足。而她卻又始終站在離他不遠不近的地方，接受他的示愛，但從不讓他靠太近。

無論貧富美醜，都會有那麼一個人，在一定的時間出現在你的面前。如果你不喜歡，請以朋友的名義相處，畢竟誰也沒有義務為你的生活、為你的幻想買單。愛情最可怕的並不是愛上一個不該愛的人，而是那個人以愛的名義，揮霍你的時間、金錢和感情。

如何學會優雅地買單？

在和朋友一塊出去吃飯，如果不是請客，儘量不要讓別人買單。如果實在爭不過，也要用一些小技巧來給對方以回應，這樣才能顯出你的修養。

✿弄清買單的情況，適時地表示感謝

在不清楚由誰買單的時候，您可要問清楚，如「總共多少錢？」「我該付多少？」「這頓是由誰來付的？」。含含糊糊地讓人請客，這樣可是不行的！別人為你買單時，請面帶微笑地表示感謝：「承蒙款待，今天的飯菜真好吃。」

✿額外加分的關懷

買單之後，走出餐廳分別時，向買單的一方表示感謝可是基礎中的基礎！「承蒙款待」「非常好吃啊」，就算每次都是別人請客，您也不能習以為常、心安理得。面對對方的好心和誠意，您也要以誠相待。

而且，「下一個酒吧由我來請！」「下次到我推薦的咖啡店，去嘗嘗美味蛋糕吧」等等，這類很淑女的關懷也會讓男士頓生好感。

✿成人的舉止

總之，先由某一個人買單，然後下一家店再由另一個人付錢，或者明確下次由誰請客，這樣的行為很討人喜歡。不要像個家庭主婦一樣幾塊、幾十塊都要斤斤計較，雙方請客的金額要大致相等，這也是成人的社交禮儀之一。

✿額外的禮物

如果由別人來買單，而您之後卻沒有機會請客，表示一下關懷就顯得很重要了。您可以送上貼心的禮品或者禮券，當然，也不要忘了郵件、信件、購物卡等禮物。

第七章 把每一天都過成詩

1 最無趣的是，做什麼你都用「隨便」打發

「今晚吃什麼？」「隨便。」在面臨生活中簡單選擇的時候，我們經常會聽到這樣的答案。人們在社交中最常犯的錯誤就是，常常不願意主動而明確地表達自己的需要，總試圖表現得特別識大體、隨和、無欲無求。其實這樣做，只會讓人覺得你是個沒有主見，沒有愛好或者不敢表達自己的人。

而「隨便」也會給人不負責任的感覺，言下之意是「我不管了，你願意怎麼弄就怎麼弄吧，出了問題你負責」。

「隨便」多了後，危害無窮大。

大多數人從小就被教育用謙虛或者淡化個人需求的方式，作為人際關係的潤滑劑。比如別人請你吃飯，你會客氣地說「隨便吃點就行」。

「隨便」體現了中庸之道，也是國人含蓄的表現，但做什麼你都用「隨便」打發，也會有危害。

喜歡說隨便的人是什麼樣的性格？

（1）什麼事兒都容易看開，懶得計較，俗話說就是大條；

（2）不夠敏感，對外界細節變化和情緒變化反應遲鈍；

（3）不夠果斷，做決定猶豫不決，優柔寡斷；

（4）有時缺少主見或者不敢堅持主見，容易被太強勢的人壓垮；

（5）太過在意別人，要做老好人，有時說隨便就是為了遷就別人。

但是不管是上邊哪一種性格的人，只要愛說「隨便」，都會讓人感覺很無聊、很乏味。

別人徵詢意見時，你是不是也習慣說「隨便」二字？其實隨便一點都不隨便，不要將「隨便」當作口頭禪，性格不是天生的而是後天養成的。「隨便」說得越多，主見、堅持就會變得越少。你可以表達同意，或者用禮貌體貼的方式將主動權轉讓，但輕易別說「隨便」。

學會不說「隨便」。

在社交場合中，「隨便」看似是一個灑脫不羈的通用語，但卻透出一種漠然的意味。不管是在生活還是工作中，這樣讓人乏味的形象都不太受人歡迎，那麼我們要怎樣改變愛說隨便的壞毛病呢？

首先，要改變這種心理和習慣，就要學會適當地主動發表意見。如果要表達自己的意思又不招致反感，就要表現出禮貌、體貼。讓人明白，在所有的決定中，你也在努力參與，這樣才會有自己的想法和主見。

其次，針對這樣一類喜歡說「隨便」的人，在以下兩個常見的場合，建議這樣回答比較得體：

「你想吃什麼？」如果宴請你的主人這樣問你，最好回答「您對這個餐廳比較熟，聽您的準沒錯」。如果是親人，可以回答「您別太累，做點簡單的就成」「您做什麼我都愛吃」。

「你覺得我們該採用哪個方案？」或「你覺得我該選哪件衣服？」別人邀請你參與決策時，需要表現自己確實經過了深思熟慮。如果是同事、朋友、伴侶問你，你可以稍作分析再肯定；如果是領導問你，你可以說「這方面您是權威，您選的肯定沒錯」。

當然，如果有自己的看法卻不便直接指出，可以說：「我覺得這個方案還可以……我覺得再加上×××會不會比較好……不過，這只是我的一點看法，不知道對不對，僅供您參考，說錯了您也別在意。」

總之，不要輕易說「隨便」兩字，凡事說「隨便」會讓人討厭。

2 儀式感很重要

「儀式感」是現在很流行的一個概念，其實簡單來說，所謂的儀式感就是一種強烈的自我暗示，是一種精神上的禮儀。一旦完成了充滿儀式感的動作，內心便會出現提示。這種提示，能讓自我發生變化，將自己的心態放鬆，得到生活中的樂趣，變得快樂。

越是無聊喧囂的時代，人越是要學會用儀式感，以此進入一個屬於自己的放鬆狀態。現代人需要儀式感，這是一種與眾不同的、足以改變生活的方法。

生活是需要一些儀式感的，這跟矯情無關，而是關於你對生活的熱愛、對幸福的敏感。

《小王子》中也提到過儀式感這個東西，那是小王子和狐狸之間的一段對話：

「你每天最好在相同的時間來。」狐狸說：「比如說，你下午四點鐘來，那麼從三點鐘起，我就開始感到幸福。時間越臨近，我就越感到幸福。到了四點鐘的時候，我就會坐立不安，我就會發現幸福的代價。但是，如果你隨便什麼時候來，我就不知道在什麼時候該準備好我的心情……應當有一定的儀式。」

「儀式是什麼？」小王子問道。

「這也是經常被遺忘的事情。」狐狸說：「它就是使某一天與其他日子不同，使某一時刻與其他時刻不同。」

村上春樹也說：儀式是一件很重要的事情。所以他也創造的一個詞——小確幸。是指微小而確實的幸福，持續時間三秒鐘到一整天不等。就像他寫作的意境一樣，有城市小資的調調，這種調調是我們需要的，需要用它來調節我們乾燥現實的生活。

沒有儀式感的生活，太可怕了。一年三百六十五天，除了吃喝拉撒，毫無期待；生活重複，乏善可陳，將多麼黯淡無光。有儀式感的人生，才使我們切切實實有了存在感。不是為他人留下什麼印象，而是自己的心在真切地感知生命，讓生活變得更有意義、更有趣。

一個人只擁有此生此世是不夠的，他還應該擁有詩意的世界。

日子過得渾渾噩噩，不知道今夕何夕了？如果你在自己的生命之繩上不借助「儀式感」去打一個結，做一個記號，你怎麼知道自己走過了多少？接下來要怎麼走？手裡還剩多少呢？

讓我們多多注意生活中的儀式吧！

✿找到屬於自己的儀式感，不在意別人的看法

我們大多數人有的不是很在意儀式感，可能是因為我們不喜歡被拘束。這讓有些人看來很不以為然，甚至認為這是種矯情的行為。遇到這樣的人，不要爭辯，價值觀不同，說了也是沒用。其實他們並不缺那點錢，只是對他們而言，凡事都講究性價比和實用性，不做「無用」的事。

✿儀式感體現在生活的細節上

儀式感大都是在一些小事和細節上體現，不需要你花多少時間或多少金錢，只需要你有一顆熱愛生活的心。

你覺得明天和今天並沒有什麼差別，生活幾十年如一日，一生沒有一絲波瀾和變化，是因為你沒有用心，儀式感需要人為去製造。

說起來每個人的生活都差不多，工作學習，吃飯睡覺。但如果有了儀式感，平凡的生活，就大不一樣，日子過的有趣，也帶來了激情，製造一些小浪漫會讓人精力充沛。

一個尋常的節日，一件小小的禮物；和枕邊人出門時道聲再見，回家輕輕擁抱一下。平淡的生活，這些小舉動很有必要。

這都是浪漫的儀式，收穫感動的同時，讓淡然的心生出一點漣漪，給無味的日子增添一點佐料，幸福感也將提高一個層次。生活有了儀式感，人生才變得豐富多彩、趣味盎然，其實我們每個人都有能力把枯燥乏味的歲月，過成一首動聽的樂曲。

✿在找尋「儀式感」的時候，不要在意形式，要關注自己的內心感受其實，儀式感這件事情，並非一定是要高投入的。所謂的儀式不管大小，它的最終目的不過就是讓內心有所感受。

比如用過生日的方式來告訴自己，又成長了一歲，要比去年的自己更有擔當；

比如用過情人節或者七夕節的方式來提醒那些一年來都忙忙碌碌的情人們，是時候該停下腳步，關心和呵護一下身邊的伴侶；

比如你每一次閱讀，或者做一件你認為重要的事情的時候，你可以通過有「儀式感」的行為來告訴自己，接下來自己要做的事情的重要性，甚至是莊嚴性。內心潛意識先有了提示，做起來就能更加投入，更加忘我。

總之，毫無儀式感的人生很無趣，那麼我們一起努力，花點心思，把生活過得有儀式感，更精緻一點。沒有別的，只是為了讓庸常的日子變得靈動，讓一成不變的生活有起伏的律動感，等回過頭來看看走過的歲月，有眾多可回憶的驚喜。

有儀式感的人生，才使我們切切實實有了存在感，不是為他人留下什麼印象，而是自己的心可以真切地感知生命，充滿熱忱地面對生活。

3 生活未必稱心如意，但要有苦中作樂的反轉能力

有趣的人必定樂觀。對於問題、困難，有趣的人想的是如何去解決問題，而不是抱怨現實條件或推諉於人。有趣的人是行動派，也是理想主義者，所以但凡有趣的人，能力都不會低到哪兒去，甚至都具有苦中作樂的反轉能力。

世界以痛吻我，我要報之以歌。

當我們在稱讚一個人很有趣的時候，更應該稱讚他是一位勇者！在身處困境之時，也只有那些有勇氣的人，才不會為無力改變的事物悲傷懊惱，徒勞地浪費時間。悲傷懊惱不僅不能改變現狀，反而辜負了自己的人生。不如轉身選擇那些「伸手可及」的事物，抓住每一個機會，收穫任何可能得到的東西，以

豁達的心態去享受生活的美好。

所以，那些朋友圈裡那麼有趣的人都是怎麼煉成的？他們一定比我們活得好嗎？答案當然是不盡然的，人的生活是沒有永遠光鮮靚麗的。所以要想成為一個有趣的人，必須要學會苦中作樂。

有趣的人是勇者，也是行動派。

泰戈爾說：「世界以痛吻我，要我報之以歌。」作家馬德說：「世界以痛吻我，我要報之以歌。」有趣的人面對這個世界的苦難和人生的挫折，會滿懷希望，用積極樂觀的心態去面對……

所以要想變得有趣，要有苦中作樂的反轉能力：

✿ 改變思維模式，接受現實

有趣是裝不出來的。你要從改變思維模式開始，不要一遇上事就被情緒吞沒，而是應該第一時間想想有什麼解決辦法。情緒不好的時候，一個人待會兒或者找個好朋友傾訴。

其次，苦與樂雖然是主觀上的認識，但是對人而言，苦是消極的，只會讓人更加苦；而樂卻是可以激發人的狀態，讓人以積極向上的態度去面對已發生和未發生的事情。生活就是那樣子了，如果你還不苦中作樂，只會自怨自艾，那麼很快你就會發現，你更加苦了。最後，用另外的一句話來講，你不能改造世界，但是你能改造你自己。

✿學會自我激勵，保持熱情，多多嘗試

面對生活，我們每個人都有迫不得已的時候。面對工作，我們也有壓力，這些都是我們的煩惱和痛苦。我們該如何學會在逆境中保持對生活的熱情、對工作的激情呢？

遇到事情少問幾個為什麼，多想幾個解決的辦法，這個方法不行就下一個方法。時刻保持對生活的熱情，做起來很難，但是人生最大的智慧就是學會在逆境中生存，找到樂趣，學會「苦中作樂」。

如果學不會自己鼓勵自己，拿什麼來面對社會競爭的激烈？拿什麼來面對打拼時的孤獨？大道理人人都懂，要知道害怕是沒有用的，最後解決問題的始

終是你自己。遇到困難，不妨多試一些方法，你怎麼知道你不行呢？

✿擁有樂觀的心態，對未來保持信心，相信未來是美好的

無論怎麼樣，都要相信未來是美好的，你總會找到適合自己的路。也許你會害怕，但是永遠不要退縮畏懼，只要堅持下去，一直向前跑，就會離你的未來更近一步。

生活不可能永遠像一首田園詩，每天都陽光明媚、和風習習。難免會有狂風大作、暴雨傾盆的日子。人的一生如天氣的變化，難以預料，經常會陷入各種各樣的困境之中。然而，天無絕人之路，生活既然把人們扔進困境之中，同時它也會賦予人們走出困境的力量。

因此，我們應時刻保持積極的心態，在想方設法解決困難的同時，享受五彩斑斕的生活。

4 再美的遠方都不抵你手中滾燙的日子

高曉松說：「生活不只是眼前的苟且，還有詩和遠方。」這句話引起了大家的廣泛關注，成了很多人感慨時用的口頭禪，在朋友圈中流傳甚廣。可能遠方因為太遠，所以似真似幻、捉摸不定。我們把它幻想得格外詩意，遠方的天空是湛藍的、陽光是溫暖的，信仰都帶著虔誠的味道。

很多人抱怨自己從事並不喜歡的工作，要麼壓力太大、要麼薪水太少、要麼沒多少技術含量是在浪費生命、要麼離家太遠對不起家人。我們總是在嚮往遠方的美好，期待著有一天能去到那裡，靜靜地待著什麼都不用想。而真正有趣的人，大都能夠在看似苟且的現實生活中，找到詩意的美好。

遠方再美好，它也只是路邊的風景，而工作才是滋養我們真實生活的那片土地。

二〇一五年，攝製組去拜訪宣佈退休一年多的宮崎駿。

滿頭白髮的老人家一邊泡著咖啡一邊自言自語：「葬禮多到讓人討厭。」隨後端著咖啡坐下怔怔地望著窗外：「我發現自己跟不上這個時代了。」

眼前這個絮絮叨叨、無精打采的老人，似乎很難讓人把那麼多直擊人心的經典動畫跟他聯繫起來。

「幾乎沒有人來訪，這是我們不曾想過的宮崎駿的晚年生活。」攝製組對第一次的拜訪深有感觸。

當然，大師不會這樣度過最後的日子。

堅持了一輩子只用手繪、四秒的鏡頭要畫上一年的宮崎駿，最終接受了最前沿的CG技術，再度出山，開始了新片的創作。

宮崎駿興奮不已地說道：「在製作中死亡比什麼都不做就死了要好，做點什麼總比等死強。」

忙碌了一輩子的宮崎駿明明可以在家好好歇歇，卻非要繼續被焦慮、失眠困擾著，一邊抓狂一邊又熱情高漲地投入到高壓工作中。

七十六歲的老人家還在享受當下工作的樂趣，而有些人卻在嚮往如詩般虛幻的遠方，卻看不到眼前的美好。

我們有什麼資格抱怨自己的工作重複沒有技術含量？

它並沒有阻止我們去學習提高自身能力，反倒還給了我們很多。

沒有工作，我就不可能認識現在這群可愛的同事，雖然生疏不一，卻構成了我們生活的重要部分，參與了我們的喜怒哀樂。

沒有工作滲透到我們生命的年輪，我們也不可能變得越來越篤定，越來越相信自己。

沒有工作，我們可能大部分時間在家待著，看著孩子一邊期待他/她快點長大，一邊又不安自己年紀越來越長。

遠方再美好，它也只是路邊的風景，而工作才是滋養我們真實生活的那片土地。

工作的意義也絕不只是賺錢，雖然賺錢是大部分人工作的初衷。工作能賦予我們生命新的意義，創造我們生命的專屬價值。工作能讓我們找到自己存在的理由，哪怕被連連暴擊之後，卻還能收穫全新的自己！

從關注一呼一息開始關注當下的生活，尋找自己真正喜歡做的事。

人生這趟旅途有太多的誘惑，在很大程度上，我們已經迷路了。我們可能被遠方迷住，忘了自己本來的生活。我們現在眼睛睜得大大的，好像很清醒的在走路、說話、生活，然而真相是：我們並沒有在醒著。我們迷失在頭腦裡，迷失在對遠方和未來的想像裡。

我們可以用以下幾個簡單的方法讓生活變得更豐富，以重拾我們對生活的興致：

✿ 保持好心態，培養一種從容的心態

我們做事情要能沉得住氣，而不是想馬上看到效果。多把目標放在怎樣讓自己更幸福，而不是賺更多錢、爬到更高的位置上。

✿ 有規律的生活習慣

我們在該吃飯的時候吃飯，在該睡覺的時候睡覺，每天堅持運動，多讀些書，吃的合適而健康，飲食有規律，讓自己的身體好一點。

✿經常自省和反思

每週、月、年花上一定時間做做總結，反思一下這段時間以來，哪裡做得不好，如何改進。

✿刻意的練習有效集中注意力

可以試試瑜伽、太極、靜坐之類的活動，培養長時間集中注意力的能力。

✿把時間多花在家人和朋友身上

學習一些夫妻之間的相處之道，如果未婚，就把家人的關係搞定，這能讓你減輕很多壓力。

✿關注一些生活中的小細節

當你一早醒來，在下床之前，花幾分鐘單純的呼吸；當你沖澡時，和水的溫度以及香皂的芳香保持臨在；在吃早餐時，保持臨在；在洗碗時，保持臨在。如果你臨在，你會發現，洗碗都可以成為一次有趣的體驗。

5 給家換個風格，換個心情

有趣的人都是熱愛生活的人，他們關注日常生活的點點滴滴。環顧一下你的居室，或者回想一下不久前你離開家時房間的樣子。地板上有沒有積滿灰塵；沙發上是否有堆積如山的過期雜誌；衣櫃裡是否凌亂不堪；廚房灶臺上是不是油漬斑駁……

如果是這樣，那麼要小心了，你的人生可能危機四伏。這絕非危言聳聽，一個很差的居住環境，會對我們的生活造成不良的影響，甚至會讓我們產生一些消極和抑鬱的情緒。

如果你的心情很不好，我們可以從家居裝修入手，在改善居住環境上做文章，花點心思給家換個風格，讓明媚的陽光幫你消除心頭的陰霾。

老舊的房子，只要一點簡單的改造就能大不一樣。

房屋風格的改變其實很容易，不需要大動干戈。在窗邊搭一個木板或小桌，就能坐到那裡喝咖啡吃早點，讓你遠離手機，對視力也有益處；買一塊羅馬白布，把家裡不用的角落遮起來，看書或者冥想，有儀式感又可愛；在牆上掛一塊你最喜歡的大織毯，就能完全改變風格，阿拉伯風、歐洲貴族風或日式古典風可以輪流換……你還能ＤＩＹ牆紙、抹布和鏡子。

這些做起來雖簡單，但在改造之前，我們要先想好以下幾個問題：

（1）任何家裝改造都會產生費用，要提前做好相關預算。

（2）對自己家裡現有的傢俱整理規劃，能使用的，能改造一下再使用的。

（3）明確家中現有的傢俱適合什麼風格，以及與自己喜歡的風格相差大不大？

（4）適當的改善一些軟裝的部位，再學會一些簡單的風格搭配。

做好了準備，選擇好風格，那我們就可以開始改造了，下面是一些小建議：

✿傢俱的選擇

不管是改裝還是新裝，這個問題都需要注意，除了衣櫃的高度不怎麼需要介意之外，其他的斗櫃都不宜選擇太大或者太高，如果光線不好、面積不大，傢俱選擇帶腳的為宜。

✿扔東西

與其添置新物，不如捨去雜物，裝修改造其實並不能從根本上提升我們的幸福感！所以想提升幸福感，就要捨棄，讓家裡清爽起來。對家裡的老東西們，未來三個月使用機率小於百分之五十的都扔了，其他的歸類收納起來。

✿把家變成植物園

綠植有妙用：小空間勇敢使用大植物；利用窗簾杆或在屋頂安裝掛鉤養垂釣植物；大小葉植物混養，大葉利於營造自然氣息，小葉利於充實細節；小角落集中堆養，創造綠色角落，性價比最高。

✿地板貼有妙用

木質地板是讓房間提升品味的利器，但更換地板的成本太高。但是有個神奇的物品——地板貼！方便快捷，便宜而且好看。想要有木製地板效果的你，可以參考使用。

一條一條的地板貼，貼起來是相當容易。當壁紙和地貼都完成的時候，相信你的屋子已經截然不同了。

✿改變傢俱的佈局

找個週末，改變家中的佈局，不論是調整傢俱的位置，還是更換沙發，甚至只是換一副全新的窗簾，都能讓你感覺全身心的放鬆。

心理專家說，這是因為家是心靈的港灣，所以一個煥然一新的家最能緩解人的壓力。

6 以自己舒服的方式活著

生命有無數種形式，活法不止一種。別人看著自然，自己活得彆扭是一種；自己活得自然，別人看著彆扭又是一種。

如果你羨慕過仕途上的某個位置，你終會發現，在這個位置上得到的尊敬大多是虛假的尊敬；如果你仰視那些身居高位的人，你終會發現他們離開權柄之後，剩下的僅是閒言碎語；如果你崇拜那些有錢人的優越，其實他們也在羨慕你的悠閒。

不羨慕別人，不卑賤自己，按內心的真實想法生活的人是最有趣的。

一個安心的人在哪都可以過自得其樂的生活，抱著振奮樂觀的思想，如同居住在皇宮一般。

在飄忽而逝的生命裡，想要尋到由衷的快樂，首先要釋放自己，過自己喜歡的生活。

你的世界，你的國，你是王。

三千繁華，彈指剎那，人總要為自己活一次。你的世界，不必每個人都參與，你的國，你是王。

人潮洶湧，你卻不必隨波逐流，去以自己舒服的方式活著。

✿不在意別人的看法，走好自己的人生路

在人生的道路上，學會享受生命，避免拖著生命往前走，是人生最好的選擇；習慣於無人欣賞，不把自己活給別人看，是人生的智慧；本性中存點不可理喻之處，心中不過分在意時代的臉色，會使生命更有趣。

✿不設限，做真實的自己

世界上，人生沒有固定的模式，誰如果為了某種目的用某種模式來框定自己，他遲早要留下笑柄。永不卸妝的演員、始終端著架子的領導，轉身之後，人們多是嗤之以鼻。

在活法上，堅持尋找心中最感舒適的那一種。這樣做的人就能得到老天爺最優厚的對待，享受生活中只屬於你的快樂。

✿不甘平凡，保持好奇心

可能大多數人都身處很普通的生活環境，做著很普通的工作，有著很普通的模樣，我們熙熙攘攘、忙忙碌碌，終究都只是一個很普通的市井之人。沒有太大野心，無須顛沛流離，只想守護著自己那一點點小確幸。但同時，我們不能在這樣的生活中麻木度日，要對外面的世界保持著最普通，卻是人性本能的好奇心。不要甘於平凡，要勇敢地去追尋你的理想。

✿不拖延，放下羈絆，馬上行動

巴菲特有一段話說得很好：這是一定的，你這一生，一定有機會得到一輛車、一所房子，但人生只有一次，你選擇怎樣的人生到終老才不後悔呢？要過得值得，還有什麼放不下的呢。

瑪麗・狄・代芳夫人說，距離沒什麼可怕的，但邁開第一步卻是困難的。我們要即刻開始，從細微處入手，積少成多，慢慢改變。

7 一個人也可以過得有滋有味

無論你喜不喜歡，人來到這個世界的時候是一個人，走的時候也是一個人；離家外出讀書時一個人，工作後未結婚時也是一個人；即使你已經結婚，可能你大部分時間還是一個人，也許是夫妻因工作而分居兩地，也許是其中一方常常要出差。總之，人一輩子獨自生活的日子還真的挺多，我們很有必要認真規劃一下，如何讓自己一個人生活時，也能把日子過得有滋有味。

要過好單身生活，要培養自己對自己的愛，如果不愛自己，那麼你愛別人都是自私。可以用更多的時間去提升自己的品質，若能去嘗試變得開朗和有趣，那就更好了。

提高自己，花點心思，讓你的單身生活過得更有意思。單身生活可以有無限的樂趣，自由自在、無拘無束，是何等逍遙的日子啊。如果覺得煩了，我們要好好認認真真地聚焦於自己，看看下面這些小技巧吧！

✿接受自己是單身的狀態

這點非常重要。有些人到了適婚的年紀會非常恐慌，擔心自己孤獨終老。畢竟，我們都是普通人，都想按世俗約定那樣過日子。尤其是親戚會打電話問什麼時候吃喜糖，朋友經常問有沒有找對象，更讓人壓力倍增。

但是，緣分真是可遇不可求。急，真的急不來。怎麼辦？那就相信緣分。然後，像所有心靈雞湯說的那樣，在等待的過程中，把自己變成更好的人。

✿養成健身的習慣

健身是很重要的一個方面，是因為不論你熱不熱愛籃球、足球等體育運動，把自己的健康、身體素質，體質等等搞好，是一件有百益而無一害的事情。健身的好處說不完：你會精力非常旺盛，不容易累。就算累了，恢復起來也快；你整個人會顯得非常的有精氣神，所謂的氣質就是自此而來；你的腦子會靈活一些，想問題輕鬆一點；你的免疫力會比大部分人好等等。這麼多優點只需要你養成一個良好的習慣，一旦習慣了健身，一週三練也會輕輕鬆鬆。

✿養成收拾房子的習慣

收拾房子沒有想像中那麼困難，可以買個吸塵器和旋轉清洗的拖把，總共也花不了多少錢。然後需要注意的是基本的雜物擺放問題，平時東西原來在哪裡，用完還放在哪裡，你會發現收拾完一遍後，很少需要再重新收拾，可以保持很久。

✿養成收拾自己的習慣

基本的個人清潔衛生要弄好。勤洗衣服、勤洗澡、每天刷牙洗臉⋯如果需要出門前記得照照鏡子，整理一下自己的儀容，保持頭髮不亂、眼鏡不髒、鞋子乾淨、衣服整齊。

✿養成閱讀的習慣

打遊戲、看肥皂劇、刷社群這些習慣，除了享受之外，對你的幫助有限，所以儘量少在這上面浪費時間。而讀書能使人明智，其實也不一定要讀書，可以經常看一些分享知識的網站，都能提高你的水準，開闊你的眼界。

✿注意個人飲食習慣

偶爾開開火做個飯，會一點廚藝，簡直是生活情趣大加分⋯⋯需要的不多，一個下廚App或者網站，照著做就行，不要嫌麻煩。飲食習慣就幾條：早餐要吃；一天最少兩餐（早餐午餐）；一天最多可以吃五餐，但是總量別太過分，少吃多餐。

✿保持良好的人際交往

來而不往非禮也，平時需要朋友的時候，別客氣，偶爾請別人幫點小忙，別人對你的印象不會變差，反而會提高；朋友需要你的時候，沒事的話就去，贈人玫瑰，手留餘香。

8 小確幸無處不在

「小確幸」，意為微小而確實的幸福，稍縱即逝的美好，出自村上春樹的隨筆。在如今物欲橫流的社會，這個詞承載了很多年輕人的理想與追求，過上平穩、安定的生活，有時間感受生活中的美好。

小確幸是怎樣一種感覺呢？用一個成語來形容，就是「心生歡喜」。描述得複雜一點，它有一股子甜柔、豐饒、溫暖的感覺，好像有隻看不見的神秘之手，把一勺充滿花香的蜂蜜灑在心頭，可以清晰地感受到它流淌、漫溢、消失。

每一次「小確幸」的持續時間三秒鐘至三分鐘不等。當然，它不是憑空蒸發掉了，而是深入浸潤了我們的生命，豐盛了我們的生活。

當我們活在當下，用心感受時，才能體驗到微小而確實的幸福。

生活就像一條河流，時而涓涓細流、婉轉縈迴；時而波濤洶湧、奔騰不止。而「小確幸」正是以一種輕盈而善意的姿態提醒我們屏息、駐足、回眸、觀賞。

讓我們放開自己的感官體驗，沉浸在熟悉的美好氣息裡，沐浴在清風暖陽中，心無旁鶩地把每一個美好的瞬間鐫刻成足以照亮餘生的永恆。

發現、運用、創造是「小確幸」的三部曲，完成了這三部曲的我們一定能收穫有趣的一生。

微小而確實的幸福——小確幸。那些微小的細節使我們愉悅，使我們感到幸福。發現、運用、創造是「小確幸」三部曲，完成了這三部曲的我們一定能收穫有趣的一生。

有人說「小確幸」是消極的，說關注「小確幸」就是在逃避現實。這種說法並沒有看到「小確幸」的積極意義，如果我們運用好「小確幸」，它可以鼓勵我們不斷前進。

生活的起伏必定影響著人們的心情，感受著「小確幸」，讓它提醒我們生活依舊是美好的、有意義的，仍然有很多人關心著我們。有了這些動力，我們才能重整旗鼓，從摔倒的地方爬起來，繼續前進。

我們所發現和運用的小確幸往往是別人帶給我們的，如果我們能將小確幸帶給別人，我們就是在創造小確幸。

小確幸練習的重點就是——每天給自己設計一個幸福。

一開始這個能力比較弱，你會發現可能還沒有你偶遇的幸福好。但是一段時間之後，你會發現自己已成為一個幸福的設計師，而不是偶遇者。

下面是被驗證過的，的確可以「通過練習提高幸福感」的小確幸：

他們都是小的（**不需要付出太多努力的**），確定的（**已經被科學實驗證實過的）和幸福的。

比如：表達感恩；培養樂觀心態；停止多慮；助人；培養一段關係；面對困難學習解決方案；為某個真實目標奮鬥；學會原諒他人；找到讓自己全身心投入的事；享受生活之美；有信仰或精神依託；鍛煉身體。

微小而又確切的幸福隨處可見，只要我們熱愛生活，用心體驗，它就在我們生活的每一個角落。

9 捨得犒賞自己，因為你值得這樣的犒賞

面對日益繁重的工作，你是不是「壓力山大」，想要放鬆下，或者犒勞一下自己。問題來了，我們該怎麼犒勞自己呢？

當然，這種犒勞自己的方式因人而異，你可以去泡個澡或做個SPA，讓身體放鬆下來，也給自己的精神減減壓；可以把孩子交給父母照顧，使自己擁

有清淨的休息時間，做自己喜歡的事情；可以穿上最新款的球鞋，和好朋友一起去打球，談天說地；可以自己去旅遊，享受輕鬆愜意的海邊度假時光……每一個人愛自己的方式都是不同的，有的是愛惜自己的身體，關注身體健康；有的更注重從朋友那裡獲得滋養，從他人的情感連結中獲得自愛的感覺；有的人需要獨處以及心靈空間上的富餘。

真喜歡一樣東西，就買吧！用不著為了省錢，因為你值得這樣的犒賞。不用把日子過得緊巴巴的，當然了，我們不是提倡提前消費，在自己能力範圍之內，喜歡上什麼了，就買吧。好東西看上了就買，免得日後後悔，要捨得犒賞自己。

茉莉喜歡送自己貴重的禮物。前年，她在自己生日的時候，送給自己一塊近萬元的浪琴手錶作為生日禮物。她戴著手錶的樣子就像一個小孩般天真爛漫，在朋友面前肆無忌憚地炫耀，告訴她們說：最好的禮物要送給自己。

面對她買奢侈品送自己的行為，當時的朋友們自動分成兩派，雙方持不同的觀點。一方認為沒有男人愛的女人，以送自己最想要的昂貴禮物自娛自樂，真夠可憐和悲慘的；另一方則認為能夠靠自己滿足自己的心願，將最好的禮物送給自己，真是瀟灑和令人驚嘆。

大家雖然觀點有差異，但是肯定的是，每一個人都對其行為嫉妒羨慕恨，畢竟女人們愛比較，女人們都無法拒絕好東西。

茉莉送自己浪琴手錶，就好像美劇《欲望城市》中的Samantha，當愛人將Samantha日思夜想的鑽戒戴到她的手上，欣喜之外，她更希望鑽戒是自己送給自己的。

Samantha是個怎樣的女人呢？這個女人，她擁有自己的公關公司，收入不錯，獨立堅強，我行我素，她自己買房子，買最好的禮物送給自己，大膽享受自己的生活。

《欲望城市》電影版中有一幕，她參加一個拍賣會，要給自己買一個珠花鑽戒，她報出了五萬美金的拍賣價格，並對朋友說：「I work hard, I deserve it」。（我努力工作，這是我應得的）

Samantha這樣自我爭取與自我滿足的生活姿態，值得我們學習效仿。

要想做Samantha這樣一個將最好的禮物送給自己的女人，不僅僅要有掙錢的能力，內心也要很強大，要達到那種理直氣壯地說I deserve it（我值得）的境界。

Samantha已經達到了愛自己的至高境界，因此她能夠對愛的男人說：「I love you too, But I love me more.（我也愛你，但是我更愛我自己。）」

有些人在為自己花錢方面是有障礙的、困難的，他們也許收入很豐厚，但是卻捨不得為自己花錢。

給自己送禮物的女人，她們努力工作，自己掙錢也灑脫地花錢，並將錢花在自己身上：給自己買鮮花、送自己鑽戒、給自己買高品質的生活用品、自己出國旅行、讓自己接受更多的培訓和再教育……我們不是鼓吹物欲和過度消費，我們只是覺得女人願意為自己花錢，送自己禮物，是愛自己，讓自己快樂的方式，也是獨立自主的表現。

培養些小小的好習慣，讓你的東西都保持自己最喜歡的狀態，活得更加積極主動，充滿生命的能量。

你使用的物品會反映或改變你自身，在條件允許的情況下，一個人試著使用高於自己形象的物品，可以提高潛意識裡的自我形象，從而達成真正的提升自己，獲得改變和自信。除了物化的饋贈滿足自己，愛自己還需要內化的修養，如多讀讀書。

所以女人要給自己買一些昂貴的禮物，那是一種愛自己的儀式。是對自己的珍視、寵愛和犒賞，也是給自己一個期許，相信自己值得擁有最好的。送自己禮物的女人不僅懂得滿足自己、愛自己，她們的內心也會覺得自己值得擁有這些美好的事物，在享受它們的過程中，自信、自愛與自尊會進一步提升，活得更加積極主動，充滿正能量。

✿做一些可以提升氣質的事情

在週末的時候學習某樣舞蹈；每週三次去瑜伽館練瑜伽；學著畫油畫；每個月學會一首簡單的鋼琴曲；有時間就出去外面的世界看看……

可可・香奈兒曾經說過：二十歲的時候，你擁有的是自然生長的容顏；三十歲的時候，生活的經歷使你的容顏有了個人的印記；五十歲的時候，你生命的全部都寫在你的臉上。

美貌會隨著年歲而衰減，而氣質卻會劇增。當二十年、三十年以後，優雅的氣質會為你加分。

✿ 床買大一點

可以橫著睡；枕頭要兩個，枕一個，抱一個。

✿ 床頭放本好書

睡前把看韓劇的時間拿來看書，每天就算看一小時，累積下來一年也能讀完十來本書。但是你能從中獲得的，卻遠遠不止這些。

✿ 床上用品一定要品質好的

一生中有三分之一的時間是在床上度過的，怎麼能買便宜貨委屈自己呢？

✿辦公室備一件厚外套和一把傘

冷的時候、下雨的時候，不會狼狽不堪。

✿精簡你的衣櫥

靜下心來看看你的衣櫥，其實你並不需要這麼多的衣服。要學著為衣櫥做減法，太時髦的、小了穿不下的、商店打折，衝動購入從未穿過一次的，統統扔掉！你真正需要的是一些百搭、品質好、能夠反覆穿搭的經典款。

✿買些好吃的

人越少則冰箱要越大。精神空虛，用多樣性的健康食物（高蛋白、多纖維、低脂肪、少熱量）填充。

✿別人看不見的地方也不能隨隨便便

判斷一個女人是否真的精緻，不是看她的衣服多貴、手包是哪家的新品、開的是什麼車……而是看她生活的細節：護手霜是不是包包裡的常備品、內衣是不是隨便買買的便宜貨，沐浴乳、洗髮精是不是超市裡買一送二的打折貨……越是別人看不見的地方，越能看出一個人是否真的精緻。

✿參加各種場合的衣服至少備有一套

每個女人都應該有一件晚禮服，作為你出席某些必定場合的服裝。顏色不知道怎麼選？那就選絕對不會出錯的黑色！剪裁選乾淨俐落的，可以穿好幾年。另外就是：要注意保持身材，這才是衣服能穿好幾年的根本。學會用針或者是小型縫紉機，懂得自己縫補和修改衣服。

10 有換一種生活方式的勇氣

大多數情況下，到了某個時刻——對於我們中的大多數人在社會的壓力下，會尋找各自的軌跡。有的突然就結了婚；有的讀起了博士；有的進了銀行，開始在社群上吐槽起自己的職場生活；有的做起了生意；有的則依舊在旅行……

然而我們選擇這些不同的生活方式，並不一定適合我們。比如你可能並不想為了賺錢而那麼拼命；不想早早結婚；不想熬通宵，改方案；你可能也不想每天早上九點多起床，每天晚上三點多睡覺；沒有四處的旅行，沒有時間去看風景。為了生活而苦惱不已，這也許是你迷失於自己想要的。

人生苦短，按照喜歡的樣子去活。

生活方式，其實也就是一種生活習慣。習慣是個很可怕的東西，它讓你只是一味地活在自己熟悉的那個圈子裡。就像行星繞軌道一樣，被吸住了，很難擺脫。而只有衝破了這個束縛，才能獲得自由，獲得屬於自己的生存方式和樂趣。

同樣你也可能掉進另一個束縛的深淵，其實人生就是在這束縛與衝破之間不斷周旋，用盡一生去尋找屬於自己的存在方式到底是怎樣的。

他是畫家、是雕塑家，還是大學老師。

但在人生最輝煌時，他卻放棄了這一切，歸隱於貴州大山。

隱居大山二十年，他幹了一件極其瘋狂的事，重建消失了兩千年的夜郎古國。

很多人說他是瘋子。而他卻說：「我只是想守護一份被歷史湮沒的記憶。」

每天清晨，貴州斗篷山下總有一位老者，仙風道骨一般行走於山風茂林間。隨他的腳步穿密林幽徑，循溪流望去，你會陡然一驚。一個奇異城堡巍然屹立於山間，四處盡是誇張的人形石柱。

這個神秘的石頭城堡，就是老者用整整二十年締造的傳說中的「夜郎王國」。老者叫宋培倫，本是畫家、雕塑家、大學老師，但現在他自稱：花溪夜郎谷谷主。

一九九五年，宋培倫遊訪美國。在參觀總統山時，全身一震。震撼他的不是四尊總統頭像。而是總統像對面的那匹「瘋馬」。印第安人克札克一家三代為了紀念民族英雄「瘋馬」，決定用一座山來雕刻「瘋馬」。六十年過去，才僅僅雕完一個馬頭。

面對克札克，老宋覺得羞愧。那一夜，他失眠了：「你知道嗎，你喜歡的儺文化快滅了？」

「你還敢說自己喜歡，你為它做過什麼？你是不是忘了，你出生於夜郎故地、成長於夜郎的你，可為夜郎做過什麼？」

老宋在心裡一遍一遍詰問著自己。半夜，他一揮拳頭，決定回貴州，以儺文化為基礎，重建夜郎古國。

為此，他放棄了美國綠卡，辭去了大學老師職務，拒絕了所有商業項目，回到夜郎古國舊地貴州花溪，窮盡畢生積蓄買下了三百畝山林，並將此處命名為「夜郎谷」。

他決定傾盡後半生，在這裡締造一件傳世之作。

他時常感慨，如果當年貪念更多收入，就不會有今天這片清靜之地。

這個世界上有太多富足或貧窮、敏銳或遲鈍、深具魅力或眼界貧瘠的存活者，卻很少能見到一個真正意義上簡單快樂的人。我們習慣被世俗貼上諸多標籤，在日復一日的現實齒輪中逐漸背負起成年人的利弊抉擇、默認平庸、或過分雞血，並從中試圖獲得成就感。但往往在這追逐利益的緊張情緒下，容易丟失本來的自我。

雖說能知道自己想要的不容易，但是一旦找到了自己喜歡的，就不要再為了那些所謂的標籤而縮頭縮腳，要勇於改變自己，關鍵是如何生活。

懷著一顆勇敢的心，改變一下你的生活環境。

無論是以何種形式去反思和改造身邊的小天地，是幸運的。而想要讓自己變得有趣，就需要通過對外界不同情形下的不同感知，來提高主觀判斷力，順便修繕規整自己的生活方式才是最要緊的。為此，你可以試試以下的方法：

✿掌控自己的生活

每個人都是自己青春圓規底端的那根針，無論野心膨脹多大，想要張開的半徑有多寬，最終都還是要以完整圈成的那一個圓來評判價值。有的圓很大，所能支撐充斥的顏色元素自然顯得豐盈滿裕；有的圓很小，能容納起人心的情緒和思想卻同樣不容小覷。所以無論你是前者還是後者，便都算那個圓的主人，畫多大的圓要自己做主。

✿不要被金錢和物質束縛住，好的生活，不一定非要價格昂貴

適意和詩意都很重要，沒有五花馬千金裘的豪氣，可以試試手倦拋書午夢長的小憩；沒有停車坐愛楓林晚的浪蕩足跡，可以騰出閒敲棋子落燈花的片段安逸。

從古至今，我們每個人的生活環境與狀態都完全不同，好的生活歸納起來總是相似，但其背後優秀的、滿懷個性的、特殊的生活方式卻各有精湛見地。無論是熱衷一飯一菜，還是渴望馳騁星洲大地。

✿別被任何環境安排你的生活，跟著自己的節奏來，就很舒服

為什麼覺得很煎熬？為什麼會走上現在這條路？你對著鏡子問問自己，有沒有勇氣改變你現在的境遇。下定決心，就不要抱怨，有的時候一條路開始了就不要回頭，不為別的，只為那開始時的勇氣。

我們都在按自己的方式活著，也許看起來過得很有意義，也許看起來過得毫無意義；也許看起來過得很安穩，也許看起來過得不靠譜；也許你因為喜歡旅行，而被別人貼上富二代的標籤；也許你因為感情而放棄工作，被別人貼上傻子的標籤。然而這都是我們自己的生活方式，你已經為了你想要的生活去賭了，就不要再去打聽這條路會走多久，更不要在乎別人給你貼的標籤。

我們的生活標籤是什麼？我們所謂的存在方式是什麼？你自己去定義。要知道來到這個世界上，你就沒辦法活著回去。你和別人的不同，就在於你怎麼活。沒錯，你身上一定有發光的東西，那是你自己的節奏，那是你與眾不同的東西。那是你的路，必須你自己走，才能找到出口。

✿滿懷信心，擁抱未來

親愛的朋友，在給自己一個交代之前，在還沒有徹底甘心之前，不要對生活妥協，請繼續努力下去，直到有一天我們能夠以自己的力量平穩地站在大地上。改變的力量是屬於你自己的，不必害怕它消失。

第八章 創造妙趣橫生的生活

1 當我們不再好奇，就變成了無聊的大人

人的一生中，兒童階段的好奇心是最強烈的，這會促使我們觀察、瞭解和感受周圍的世界。好奇心源於生物的本能，是自然進化的結果，目的是為了適應環境學會生存。

當然，好奇心不是恆定的。隨著年齡的增長，好奇心會逐漸減弱，我們對外界事物會逐漸失去興趣，變得麻木和平和，這樣的狀態可稱之為「等死模式」。一旦進入這種模式，我們也就變成了無聊的大人。

嚴酷的競爭環境和平淡的生活都能讓我們失去好奇心，陷入痛苦和無聊的魔咒不能自拔。

對於人來說，求知欲往往來自好奇心，因為這個世界有那麼多美好、精彩、奇異的地方需要我們去發現和探索，而這些體驗則會讓我們的思想變得更豐富、更易於被感動，進而充分享受生命的快樂和價值。

一個人經過十幾年的填鴨式教育，能保持好奇心已經殊為不易。等到好不容易從大學畢業後，還要面對嚴酷的競爭環境。這時的學習已經完全變成了功利化的謀生手段，知識被分為有用的和沒用的，能賺錢的是有用的，不能賺錢的則是沒用的。

人們追逐物質享受和感官刺激，認為這才是真正的快樂，但這種快樂來得快去的也快。人們沒有錢的時候痛苦，有了錢後則變得空虛；沒錢的時候把時間都用在賺錢上，賺錢以後則盡情地揮霍來打發時間。人就徹底的物化了，從此陷入痛苦和無聊的魔咒不能自拔，或許我們該把這種現象稱為人類的「返祖」現象。

讀書是好奇心的源頭活水。我們要保持學習的心態，拒絕做無聊的大人。

日劇《女王的教室》中有一個片段，被特別截成八分多鐘的視頻，並冠上了「日本美女教師是怎樣教育孩子讀書的」的標題。

片中，在氣氛有些凌厲的六年三班教室裡，女生進藤光單刀直入，向高冷的「惡魔」女教師阿久津真矢質疑「我們為什麼要讀書」。而且還提出「既然真矢老師都說過不管怎麼學習，就算進了好的大學、好的公司，也沒有任何意義，那我們為什麼非要讀書不可？」的疑問。

真矢老師面不改色，高冷卻實在地向學生們揭示了讀書的意義：

讀書不是非做不可的事，而是想要去做的事。今後你們會碰到很多很多你們不知道的不能理解的事情，也會碰到很多你們覺得美好的、開心的、不可思議的事物。這個時候，作為一個人自然想瞭解更多、學習更多。失去好奇心和求知欲的人，不能稱為人，連畜生都不如。

連自己生存的這個世界都不想瞭解，還能做什麼呢？不論如何學習，只要人活著，就有很多不懂的東西。這個世界上有很多大人，好像什麼都懂的樣子，那都是騙人的。進了好大學也好，進了好公司也好，如果有活到老學到老的想法，那就有無限的可能性。失去好奇心的那一瞬間，人就死了。

真矢揭示出驅使人們讀書的背後原動力不是其他，而是「好奇心」。

生而為人，與動物之別即在於此。讀書是因為我們對自身所處的世界充滿了好奇心與求知欲，在其驅使下由內到外的主觀能動的行為。真矢的「不管怎麼學習，就算進了好的大學、好的公司，也沒有任何意義」的論調很現實地揭露了現狀：很多人長大了，但又失去了好奇心。

我們以為年齡和閱歷就能代表權威，進而在生活與工作中日復一日地進行著複製、黏貼。好奇心去了哪裡？或許被「我什麼都懂」給殖民了。讀書，想要去讀書，至少說明好奇心還鮮活，至少不是眼中無光的比牲畜還不如的行屍走肉。讀書不是為了考試，讀書也不能直接提現，讀書可以成為一個更好的自己、一個更為獨立的個體。

同樣地，法國哲學家福柯也同樣闡述了好奇心對於他本人的非凡意義：「至於說是什麼激發著我，這個問題很簡單。答案就是好奇心，這是指任何情況下都值得我們帶一點固執地聽從其驅使的好奇心。」

他不僅好奇自身所處的外在世界，也好奇內在的自己。所以，好奇心激發、驅使他去超越自我。

福柯和真矢的觀點不謀而合。「我們為什麼要讀書」已不僅僅是讀書本身，更重要的是讀書是一個不斷發自我發現、自我發展、自我超越的體現。

「好奇心」是一個具有哲學意味的虛無的詞語，它和讀書的關係相互源生。好奇心驅使人們去讀書，而讀書又會成為好奇心的源頭活水。

人生而不同，好奇心能讓我們保持這種「不同」而避免被「同化」，不是鸚鵡學舌式的人云亦云，也不是因複製他人幸福而唯唯諾諾。

年紀輕輕卻已經失去了好奇心該怎麼辦？

首先要在思想上承認自己的渺小，提升對自我的認知，認識到這個世界上還有很多你未曾瞭解和接觸的事物。然後找到自身的興趣點，不斷學習和探索，越往前走才越能看到不同的東西。當然保持好奇心的方法有很多，而且每個人自己的情況也都不一樣。可以具體參考以下幾條：

✿做那些自己感興趣的事情

如果很無聊卻又不得不做，說服自己它很有趣，如果還不行，那就努力讓它變得有趣。

為自己想要的事情而努力，而非被別人逼迫的努力；如果不得不做卻又對自己毫無意義，找到它的意義所在，如果還不行，那就努力創造出意義。保持開放的思想，不要提前假設我已經懂了，我所知道的一切都是暫時的。

✿更新思維模式

保持「成長型」的思維模式。賈伯斯就有一個很好的「不同思維」，在面對IBM這樣的大公司在電腦領域的霸主地位時，賈伯斯的心智模式是我要與你不同。長期以來，IBM的座右銘是創始人沃森提出的「Think」（思考），這就是Thinkpad名稱的來源。

一九九七年，當賈伯斯重返蘋果時，公司正處於低谷。他花重金為蘋果設計了一個劃時代的廣告，在展示出包括愛因斯坦、愛迪生、畢卡索等傑出人物之後，推出的最後廣告詞是「Think different」，就是「不同思維」。

✿保持懷疑的精神，不去相信自己沒有真正理解的東西

這個世界把如此多瑰麗的奇蹟和神秘的現象呈現在我們眼前，我們視而不見、不去探究的唯一原因就是習以為常。就像是有些人對你的好會被忽視，因為習慣了，於是沒有了新鮮感，於是厭倦了。

其實不該這樣，就像在舊工作中找到激情、在伴侶身上看到新的優點，我們認為一件事物或者人無趣，沒有探究的動力。往往不是對方淺薄，而是我們沒有發現魅力的眼睛，我們想當然地以為它就是那個樣子。

當一個東西以你以為的樣子被呈現，你就以為你看到了全部，所以失去了

好奇和探索的欲望。其實你錯了，所有人和事物都可以是寶庫，甚至是喚醒記憶和想像力的繆斯，是我們的自大讓我們失去那些激情。而不丟失好奇心的方法，就是不覺得自己看透了什麼。

✿對所有身邊一草一木的欣喜和童心

可以多去大自然走走，比如清晨踩著露水去爬山，也算作旅遊；鄉間路上兩邊都是田地，你可看一眼密密麻麻的水稻，以及幾隻飛過來歇在水稻上的蜻蜓；路過河邊，撿幾塊薄石，在河面上打個水漂；扯一把草，扯碎了投在河裡，然後就會有一群魚爭相奪食激起一片漣漪；走過熟人的家門口，熱情地打個招呼，討碗水喝；然後穿過竹林，耐下性子尋找幾個竹甲蟲，折去尖爪，玩厭了還能烤著吃，這不是很有趣嗎！

2 確保每個假期都過得與眾不同

有計劃的旅行，讓你的假期樂趣滿滿。

人生就是一場旅行，度過了無聊的工作學習時間，有時間休息一下，旅遊是一種很好的方法。讀萬卷書，不如行萬里路，旅遊會給你的世界觀、人生觀帶來新的血液和活力，讓你樹立的志向更遠大、歷練的更多、學到的更好！

怎麼才能使假期更有趣。

俗話說得好，「萬事俱備，只欠東風」，顧名思義就是說什麼都準備好了，就等那個時間了。每當到假期的時候，總是讓人充滿了無數的憧憬，可是真正的度過假期的時候，留下的感覺都是忙碌、勞累。

怎麼讓自己有一個身心都得到充分休息的假期？試想一下你的假期是不是那樣，在假期到來的時候，你把基本的準備做好了沒有，準備去什麼地方？是通過旅行社還是自己，需要花費多少，怎樣才能更節省？這看著是水到渠成的事情，都要提前考慮到，真的準備出發的時候我們才能輕鬆上陣。

每天給自己定一個目標，然後制定一個執行計畫，比如什麼時間玩、什麼時間學習。我們應根據家庭條件、自己的個性與愛好、社會及各方面的實際情況，做出適合自己的個性化安排，不要簡單模仿別人。

其中最重要的目標是獲得放鬆，從而為下一階段的學習和工作提供更充足的準備。在競爭日趨激烈的社會裡，每個人都要先學會休息、學會玩。

3 定期組織或者參加一個主題聚會

人活在世上，必定有好些朋友，即使關係不是太親密，但卻有相聚的價值。所以，朋友常常聚會不僅是拉近情感的一種手段，也是我們擴展人際關係，豐富自己生活的必要。

但如果見面就是吃吃飯、喝喝酒、唱唱歌、跳舞、搓麻將，是不是很無聊？那有什麼有意思的娛樂方式？

定期聚會有種種好處：首先毫無疑問是增進了朋友之間的感情，大家聚在一起，噓寒問暖，親密無間；二是互通了資訊，在一起互相交流自己知道的新聞、軼事，有時互相提醒一些要注意的事情；三是促進了學習，可以互相介紹一些創業的經驗。不僅如此，我們還能通過聚會接觸一些新鮮事物，學會一些新的技能。此外，和朋友一起動手做的小食品，會使我們感到十分幸福。那聚會應該注意哪些呢？

✿確定一個目的

例如，是單純地見面，還是增進友誼，或者是商業性質的聚會，其實都是聚會的目的。朋友的聚會大家不要覺得只是拉近關係，增進友誼。實際上，如果目的不明確，到了那裡後，就會出現張說張，李說李的情況。

✿選擇合適的聚會主題

在聚會前，一定要把聚會的主題弄清楚，例如，聚會是KTV式的還是自助餐，或者是高爾夫球類等。這些全都要在事先準備好。不要在聯繫好了人後，才開始決定去哪裡吃飯，去哪裡喝酒，這就讓聚會成為一種負擔。

✿明確聚會負責人

聚會，是需要有人來組織的，也就是這裡所講的負責人。負責人需要做的事情很多，必須是有權威的、大家相信的、有組織能力和領導能力的人，才能在聚會的時候，起到重要的作用。

✿聚會的人員

聚會也是需要確定人員的，例如，朋友聚會，需要叫哪些朋友，或者是不是允許朋友帶其他的朋友來，或者是不是可以允許朋友帶家屬來等。這些全要在聚會前考慮清楚，然後有針對性地進行合理的安排。

✿聚會的過程

聚會的過程，也是需要事先安排的。例如，你們在聚會的時候，是先吃飯，還是先唱歌；先聚在一起聊天，還是去品茶。這個過程，一定要事先安排好。在聚會的時候，大家必須嚴格按照這個流程進行，不能東拉西扯。

✿聚會的細節

對於聚會的細節，組織者和參與者都要注意了。細節是很重要的，既然參與了聚會，就不能有個人思想，要聽從組織者的話。例如，搭車、準備東西、道具，以及拎東西等細節，都要掌握好。

✿聚會的費用

既然是聚會，就得有費用。記住，對於組織者來講，要事先把費用的收取方式告訴大家，以便大家心中有數。如果願意就來參加，如果不願意可以不用參加。所以聚會可以是單人請客式或者是集體AA制。事中先有人墊上，事後大家帳目清楚，一一均分。

✿聚會的氣氛

在聚會中，難免有恩的聊恩，有仇的講仇。所以，眾口難調，在這種情況下，組織者要調和好氣氛。例如，事先做一下功課，把一些關係好的放在一起，避免那些關係不好的放一起。關係不好的可以安排中間人進行調和，這樣避免聚會中出事。

✿聚會的遊戲

如果僅僅是為了一個聚會，如果是唱歌吃飯的話，那麼組織者要事先準備幾個遊戲，在聚會的過程中，讓大家選擇來玩。當然也可以現場徵求一下大家的意見，選擇幾個遊戲來玩。在遊戲的過程中不僅能增進彼此的友情，也能讓聚會打成歡樂的一片。

✿聚會的安全

在聚會的時候，大家在路上往聚會處趕，組織者事先都要提前給來參加的人打好電話，讓其注意安全。在聚會的過程中，更要注意安全，大家集體行動，不要在聚會的過程中，與他人發生口角。聚會有開車的，不要讓其喝酒，以免聚會散場後再出現意外。

✿聚會的地點

聚會的地點其實很重要，最好是事先和大家商量一下，找一個容易找，而且能調和大家口味以及感受的地方。或者是找一個意義非凡的地方，能夠促進和諧友情的就好，休閒與浪漫並存最棒。

4 有趣的人經常會犯一些最美麗的「錯誤」

你有沒有發現，在職場和生活中，有這麼一些人，我們把他們稱為「沒興趣」一族。沒興趣一族好像從來就沒有什麼特別愛好，也沒有什麼特長，他們什麼都一般般。工作上沒興趣一族也沒有太多激情，工作了四五年，做的事情和以前差不多。如果你問他為什麼，他會告訴你：工作不就這樣，還能怎麼樣？

而另一些人，我們姑且把他們叫作「有趣」一族。好像對什麼都很感興趣，他們好像每天都剛剛出生一樣興致勃勃，充滿好奇。在生活裡他們也是樣樣精通：攝影、寫作、跳舞、音樂、運動……這些人是上天的寵兒，又好像剛從韓劇裡面走出來的男女主角一樣，優秀得讓人絕望。我們常常聽人對「有趣一族」說，「你太牛了！你怎麼什麼都會？」

面對岔路時的選擇，決定了你是「沒興趣一族」還是「有趣一族」。

有些人總是會快樂和有激情，全情投入。他們在成功的時候收穫到成果，在失敗的時候收穫到智慧，而不管什麼時候，他們都會收穫到過程中的快樂！那他們為什麼不投入呢？他們有這樣一個心智模式，投入是熱愛生命的鑰匙。什麼是快樂？就是做事情既快又樂！

而「無趣」之人的模式是這樣的：吊兒郎當的人永遠找不到真正的興趣！因為害怕努力了也沒有收穫，所以他們根本就不投入。

不投入和低投入的人沒有樂趣，也很難得獲得成果，心靈和外界更是沒有收穫。他們不願意面對這個事實，於是他們就對自己說：「我沒有什麼興趣。」——這總比對自己說「我的能力很糟糕。」要好。

當一個人對自己的生命開始用「不感興趣」來搪塞，生命也開始對他不感興趣了。這就是有趣之人的心靈和物質為何都收穫多多，而無趣之人心靈和物質都貧乏的原因。

無趣之人，往往不是無能之人，而是無膽之人。

他們不是缺乏能力，也不缺乏機會，他們缺乏的只是投入，對未知結果的事情的投入！

無趣之人，往往不是無能之人，而是無膽之人。所以每天問問自己，你到底是沒有興趣，還是不敢有興趣？

生命就好像鏡子一樣，有趣之人對生活保持著極高的投入度，全力擁抱生活，生活也全力擁抱他。無趣之人用「沒興趣」把自己和生命隔絕，所以生命也躲開他。

帶著關愛而不是期待投入生活，你會發現能力與樂趣接踵而來。

一件事情，帶著關愛去做，不要想它能夠帶給你什麼，這樣你就會重新認識快樂、知識、金錢、朋友，等。然後你會發現這些東西，完全不一樣了，你會從中感到興趣。具體步驟如下：

首先，先將自我評價拋開，即對自己做的事情、操作、結果等不作任何的判斷，不管是好的還是壞的。

其次，強迫自己去接觸它，找到適當的方法，冷靜地觀察過程，觀察結果，直到行為成為一種習慣。久而久之，就會養成習慣，之後就會找到快樂和自信，自然也就會感興趣了。

剛開始刻意讓自己不做判斷，但還是不自覺地會做判斷，這時需要保持一顆平常心，時間一長，你就會感受到那種平常心帶來的好處，你就會慢慢習慣成自然。在實踐中體驗到心態平和帶來的愉悅感與優越感。

簡言之，請大家在每次要遇到挑戰、或不對稱性資訊的博弈競技時，在自己內心默念這句心法口訣：放下成敗得失，全心享受過程。

這句話的含義就是：先不要過於計較結果，先享受過程；先放下未來的不確定性，做你能做的事情。有時候，事情就是這麼奇妙，越不考慮結果，反而結果對你越有利。原因就是，你本身就具備一定能力、經驗足以應付此事的。心態越放鬆，你的能力、經驗就越容易發揮，甚至是超水準發揮，那好結果就是順其自然的。

最後，要記住快樂和痛苦都是人生的財富，與其消極地逃避，不如勇敢面對。其實回憶是一種幸福，過去的事情可以不忘記，但一定要放一放；今後的事情可以再失敗，但一定要搏一搏。

5 老東西也可以煥發活力

生活中總是不缺一些破損的老東西，扔掉又實在可惜，畢竟用了多年已經有了感情。怎樣才能賦予它們「第二次生命」，讓它們發揮出新的作用呢？舊物改造就是一個不錯的方法，它不僅可以幫助我們將廢舊物品巧妙地利用起來，而且代表了一種健康環保的生活方式。

在一個有趣的人手中，每一件老東西都可以煥發活力。

美國人Ben Wood，是上海新天地的總建築師。在設計自己的家時，他完成了一次後現代藝術創作：幾百塊廢棄的門牌號貼在牆上，像一幅風情畫；照明燈選的是攝影師專用燈；客廳裡還擺了一張有個大洞的餐桌……他說，「如果你活著，被醜陋包圍，你會變得醜陋」。

BenWood的家位於上海新天地附近的社區裡，是一套複式的公寓。在Ben看來，去宜家或者淘寶買現成的傢俱，是毫無想像力的行為。他喜歡自己動手，改造屬於自己的專屬傢俱。

客廳的燈是一把攝影燈加攝影傘。既然攝影燈是最專業的照明燈，那麼為什麼不能直接做家用呢？

天花板上的照明燈也是攝影燈。「室內設計師絕對不會主動提出這樣的建議，不然他們自己的燈具就無法推銷了。」

廚房的牆飾也是自己拼貼的，全是回收的上海老路牌，像是一幅後現代圖。某一天Ben在上海弄堂裡閒逛，偶然看到，就向收建築垃圾的工人買了下來。每一個路牌，代表的不止是一個位置，更像是一段故事。

飯當然也要自己做。櫥櫃也是Ben自己找木頭做的；消毒碗櫃是內嵌的；餐具和調味料擺放得井井有條。

Ben在沒來中國之前，還做過七年的超音速戰鬥機飛行員，成為建築師來到上海後，Ben沒有機會再駕駛飛機了。為此，Ben收集了以前舊飛機的老部件做了一個飛行模擬器，命名為「Aviator NO.1」，模擬飛行過全球三千三百個機場。

天氣好的話，Ben會在Aviator室外舉行小型派對，和愛好者們一起交流，他想讓中國的年輕人學會駕駛飛機，體會休閒飛行的樂趣。

機械化越發展，越讓商品千篇一律、過於速食化；種種速食、短暫的生活品質；大量生產毫無個性與生命的器物，那些塑膠、合成板、色彩俗麗與充滿視覺暴力的種種商品，讓人厭惡。而老東西發自最深沉、最質樸與最真實的事物本身的美，就顯得彌足珍貴，我們只需要稍加改造，就可以讓這些老東西煥發活力，發揮新的作用。

6　節日了，DIY小禮物送人更有意義

最近，鄧超和孫儷情人節出遊，鄧超曬出兩人做ＤＩＹ陶藝的照片。鄧超稱：「嘔心瀝血，純手工情人節禮物，一杯一碗，互贈之後，彩虹升起。」照片中，夫妻二人坐在工作室內，各自捧著自己的作品，露出微笑，羨煞旁人。

現在，喜歡ＤＩＹ手工的人越來越多，大家都喜歡去學各種各樣的手藝，比如陶藝、刺繡等等。這個DIY是「Do It Yourself」的英文縮寫，簡單來說，ＤＩＹ就是自己動手製作，是如今一種流行的生活方式。ＤＩＹ的理念是：源於自然，回歸自然。令你放鬆身心，去感受我們身邊一切美麗的事物。一般喜歡動手ＤＩＹ的人，都是些具有創新意識，又很有生活情趣的人。

如今，我們的生活越來越豐富多彩，大家過節的時候，都喜歡互贈禮物。如果你能夠像鄧超夫婦一樣ＤＩＹ禮物互贈，一定很有意義吧。

雖說現成的東西哪都能買到，可這親手做的就很難得。就像吃飯一樣，各式各樣的飯店供選擇，只要有錢想吃什麼都很容易。可是自己在家做的味道，

那是有錢都買不到的溫暖，即使是普通的家常菜，也顯得很珍貴。

同理，送禮物不在於多貴重，重要的是送禮物的人是否用心去準備了。選擇禮物的話，DIY的更有意義。因為DIY的禮物不但傾注了我們的心血，更能體現我們獨特的品味和生活態度。

第九章

勇敢去體驗，經歷是有趣的養料

1 人生是用來體驗的

有趣的人往往都是有著豐富的生活經歷，是有故事的人。讓一個人成長、成熟的不是歲月，而是經歷。經歷得越多，越有可能智慧地看待生活，客觀地看待自己和他人。

換句話說，人生是用來體驗的，遇事勇敢點，不要太瞻前顧後。這個世界上絕大多數人的生活都是平平淡淡、波瀾不驚的，而最大的原因是他們追求安逸與舒適，沒有勇氣去嘗試新的事物。他們輸不起，卻又想過一種精彩的生活。殊不知風險和回報永遠是成正比的，有趣的人沒有一個不是勇敢的、敢作敢為的人。

人生是一個過程，努力去體驗這世上的酸甜苦辣，才不枉此生。

人的一生，到底在追求什麼？人生是一個過程，不是一個點，人生在於過程！生命在於每一天，而這每一天都是唯一的，不可複製，所以我們應該讓自己的每一分鐘、每一秒都成為美麗和快樂。

有一個寓言說，狐狸想穿過牆洞去吃院子裡的葡萄。洞很小，只好在洞外齋戒七日，讓身體瘦下來，鑽過牆洞，吃到了葡萄。身體長胖了，想逃出洞，只好再齋戒七日，最終依然是一隻瘦狐狸，不同的是，留下了葡萄香甜的滋味供以後回憶……

我們的生命是一種體驗，一種對時光流逝過程的體驗。在這個過程中，我們與生命同行、與智慧同在。體驗生命與人生的過程，抑或是我們人生旅途上的唯一使命。

古時候有位國王讓大臣們用一句話概括人生，有位大臣說：人，出生了，受苦了，又死了。是啊！人就是從生到死這麼一個過程，人生最美好的就在於體驗過程，而不必在乎結果。在人生的整個過程中，無論是順利，還是坎坷；無論是甜蜜，還是勞苦，都是一道道風景。你都要走過、流過、穿過，好過你得過，難過你也得過，關鍵就在於會過！

只要你總是努力去創造人生過程中最美好的東西，你就沒有白過；就沒有枉費和虛度人生；就會活得有情有趣，有滋有味。人生就是一個過程，做任何事情都是一個過程，人不一定能改變環境，但可以完善自己。既不要想一口吃個餅，也不要站著不動，總是耕耘，總要努力，好好地去體驗人生過程，才會有好結果。

身體和大腦總要有一個在路上。

記得韓寒在《後會無期》中提到，你都沒有觀過世界，怎麼會有世界觀？一度受到熱捧，尤其是文藝青年和旅行者，奉為名句引用。

一個人身體和頭腦總有一個要在路上，走出去，遊歷各國，看遍名山大川、風土人情……在韓寒的公路電影裡，我們一起上路，一路風光歷險看世界。有人追星空、有人回歸現實、有人成了作家。其實旅行遊歷找到自我，古來有之，李白壯遊，有酒相伴，也有詩相伴，更因走遍名山大川，留下名作無數，同時也獲得了「詩仙」稱號。

他那時的中國，和現在還不一樣，如今的中國，更大更遼闊。如今有人還想要去月球上游一遊，這都是看得見的，也許還有更多不常見的觀世界吧。在探索與發現的電視節目中，洞穴歷險、深海探尋、探索古墓等等……

最近有篇文章挺熱，一個九十歲的老人走遍世界，另一個五十二歲的人收集了一百萬份地圖，你更想做哪位？

文章記錄的是一位遊船上的機械師，有機會走遍世界，然後默默地為自己留下膠片，這習慣延續到自己年老，最後留下了二十小時的膠片，包含他的一生；還有一位是在老房子裡發現的地圖主人，他是一位營養師，他收藏的地圖直接讓洛杉磯市的地圖收藏達到了全國前五。

如果讓你我要選擇走遍世界，還是收藏地圖，我想大多數人都會選擇去看看世界吧。收藏地圖怎麼能體驗到走遍世界那樣的真切感受和心潮澎湃呢。

人生是用來體驗的，只有從這個角度上，才能擺正「我」與「人生」的位置。

既然「上帝」或「命運」造就了我，那我就應該好好看看我是來做什麼的。我們是何其幸運啊，可以來到這裡感知花草蟲魚、陽光、雪花；可以有愛人，可以看世界。這才明白了什麼是感恩，深深地對生命的、對世界的感恩。

這樣，我們再面對塵世，就不會有那麼多的糾結、那麼多的困惑與迷茫。當我們遇到不如意的事情的時候，我們要靜靜地觀察與等待，看看事態將如何發展。但是，別忘了積極地投入屬於我們的人生，那樣，我們才能看到屬於我們自己的美好，體驗到我們應該體驗的人生經歷——痛苦、鬱悶、孤單、喜悅和平愛。

可是，我的朋友們，你們可知，我是經歷了怎樣的煎熬，才悟出了如此簡單的道理——人生就是用來體驗的。

2 去嘗試，不要因為害怕失敗而不去做

人生誰不曾有過夢想和追求？誰不曾希望、渴望成功呢？遺憾的是成功一般不會輕易降臨，紅塵中幾乎每個人都會或多或少經歷失敗、品嘗失敗的滋味。

這世上很多人都害怕失敗，因為他們擔心失敗後會被人譏諷和嘲笑，擔心別人會否定自己、輕視自己、藐視自己。很多人一旦經歷了失敗便會鬱鬱寡歡、停滯不前，由沮喪到頹廢，甚至從此一蹶不振。

事實上，人生旅途中挫折和失敗是在所難免的，誰的人生能永遠一路陽光、一帆風順呢？「寶劍鋒從磨礪出，梅花香自苦寒來」，不經歷風雨怎麼見彩虹？沒有辛勤的耕耘哪有累累的碩果？所以，請不要害怕失敗，因為失敗孕

育著成功，失敗乃成功之母。

怯懦的心理總會使自己想做的事情因為主觀原因而得不到實現，從而也會使自己和成功擦肩而過。所以，不要害怕嘗試失敗，失敗也不代表人生就此完蛋，但不嘗試就什麼機會都沒有。

有個人在一天晚上碰到一個神仙，這個神仙告訴他說，有大事要發生在他身上。他會有機會得到很大的一筆財富，在社會上獲得尊貴的地位，並且還能娶到一個漂亮的老婆。

這個人終其一生都在等待這個奇異的許諾，可是什麼事也沒發生。他百無聊賴地度過了他的一生，孤獨地老死了。

當他死後，他又看見了那個神仙，他對神仙說：「你說過要給我財富、很高的社會地位和漂亮的老婆，我等了一輩子，可什麼也沒有。」

神仙回答他：「我沒說過那種話。我只許諾過要給你機會得到財富、一個受人尊重的社會位置和一個漂亮的妻子，可是你讓這些機會從你身邊溜走了。」

這個人困惑了，他說：「我不清楚你的意思。」

神仙回答道：「你記得你曾經有一次想到一個好點子，可是你沒有行動，因為你怕失敗而不敢去嘗試嗎？」

這個人點點頭。

神仙繼續說：「因為你沒有去行動，這個點子幾年以後被另外一個人想到了，那個人一點也不害怕地去做了，他後來變成了全國最有錢的人。還有，你應該還記得，有一次發生了大地震，城裡大半的房子都毀了，好幾千人被困在倒塌的房子裡。你有機會去幫忙拯救那些存活的人，可是你怕小偷會趁你不在家的時候，到你家裡去偷東西，你以此作為藉口，故意忽視那些需要你幫助的人，而只是守著自己的房子。」

這個人不好意思地點點頭。

神仙說：「那是你去拯救幾百個人的好機會，而那個機會可以使你在城裡得到多大的尊崇和榮耀啊！」

「還有」，神仙繼續說：「你記不記得有一個頭髮烏黑的漂亮女子，你曾經非常強烈地被她吸引，你從來不曾這麼愛過一個女人，之後也沒有再碰到過像她這麼好的女人。可是你想她不可能會愛你，更不可能會答應跟你結婚，你因為害怕被謝絕，就讓她從你身旁溜走了。」

這個人又點點頭，這次他流下了眼淚。

神仙說：「親愛的朋友啊，我說的就是她！她本來該是你的妻子，你們會有好幾個漂亮的小孩，而且跟她在一起，你的人生將會有許許多多的快樂。」

這世界充滿了無數的挫敗，如果你沒有好的出生環境，在大多數情況下你只能依賴自己，考上好學校、進入好的公司、跟著對的人磨煉，唯一可以確定的是，你一定會遭遇很多挫敗。

人生本來就是由無數個挫敗所組成的，有挫敗才會有成功，你的人生不會因為一次挫敗就完蛋，只有當你不再積極才是真完蛋了！

無論如何都要積極。

不論你現在的生活狀況如何，都必須積極的行動，當你開始積極的行動時，你會發現生活中的問題越來越小，你越來越能夠克服各種阻礙。人生的路都是自己走出來的。

✿瞭解沉沒成本

任何你已經付出的事情，再也無法取回，例如時間、金錢等等。一旦付出之後，即成為沉沒成本。例如買了一張電影票，並且在無法退票的情況，無論你去不去看電影，都已經無法換回原本的金錢，此稱為「沉沒成本」。

在積極的過程中，你必須謹慎選擇你的付出，時間無法回頭，方向比努力更重要，所以要讓自己的付出變得有價值。人生最令人遺憾的是莫過於走了大半輩子後，才發現前面做的都是自己不想做的事。

✿把握時間、善用每一天

把握時間、善用每一天。你如何善用自己每一天的時間，將決定你是否能比別人更快脫穎而出。重要的不是明天，也不是今天，而是現在這個瞬間。若能領略這種感覺，每個人一定都能發揮驚人的力量。

✿每個問題都是學習的機會

每個難題，都是一個偽裝得很巧妙的機會。其實任何問題，常常都是自己成長的機會，因為問題本身就包含著成長的機會。因此，不要害怕問題，而是要勇於接受問題的挑戰。

✿致力於讓自己更好

處於順境很好，處於逆境也好。積極樂觀看待自己的環境和境遇，不管任何時刻，不斷努力、拼命工作才最重要。

你的人生不會因為一次挫敗就完蛋，但你必須努力讓自己更好、讓自己更積極；你的人生只有當你不再努力、不再積極時，那才是真的完蛋。

✿態度決定一切

一個人的信念將決定他的態度，而一個人的態度將決定他的高度。我們的生命會如何，態度決定了一切。一個人對生活的態度認真與否，決定了他的一生。

一個人如何思考，決定了自己的態度，積極思考會讓你的人生變得更正向。人生有時候是一種正向與負向循環的結果，好的正向思考會讓你越來越好，負面的想法卻容易讓你更加沮喪。

3 多出去走走，才能遇見有趣的人和事

「有趣」，這是一個難以定義的詞。而我們都渴望變得有趣，似乎枯燥和無聊就是致命的殺手。那麼，還不趕快行動起來，趁著年輕，多出去走走看看。

讀萬卷書，不如行萬里路；行萬里路，不如閱人無數。跨過千山萬水去找到知音，或者發現這麼一群「有趣」的人豈不是人生樂事。然後再和那些「有趣」的人一起做「有趣」的事情，一起感受不一樣的世界，樹立不一樣的世界觀，就更有意義了。韓寒說得好，你連世界都沒觀過，哪來的世界觀？這就是

旅行的一大好處。

如今，來一次說走就走的旅程，對很多人來講已不再是一件難事。以至於大小假期一到，大家都紛紛擠上飛往世界各地的飛機，匆忙地為自己收集各國簽證印章，在朋友圈發佈各地的美食美景。

那麼，在旅行歸來後，心情放鬆了嗎？視野開闊了嗎？經驗增長了嗎？心智成熟了嗎？發現內心中真實的自己了嗎？

有時候我們出門帶了錢，卻沒有帶心；軀體在行走，心卻沒有行走。其實，旅行，不在於你去到的地方有什麼，而在於你能感受到什麼。只有用心去感受到的東西，才能轉化為你的見識，讓你成為一個豐富而有趣的人。

試著去做一個旅者，而不是遊客！

✿忘掉攻略，心才能開始行走

互聯網的便捷讓我們在去到一個地方之前，就能很輕鬆地收集到各種攻略。然而這就像劇透一樣，剝奪了探索未知的樂趣。所以除非是和朋友一起出行，不得不事先安排行程單。否則一個人的時候，我不會去做太具體的計畫。我也會事先流覽一下攻略，在一個城市圈定幾處想去看的景點，但不會在意攻略中的具體內容和評價，因為每個人的視角不同，感受也自然不同。

我也不會讓自己匆忙地從一個景點趕去下一個景點，在哪裡停留，停留多久，完全取決於有什麼樣的發現。

✿全情投入，做個好奇的傻孩子

在旅途中，我們永遠只會記住那些我們用心投入過的場景。在樹林裡喂過的一隻松鼠；在篝火旁縱情的舞蹈；費盡氣力才登上的一座山峰；全神貫注地欣賞過的一個畫面。就像在人生歷程中，我們只會記得那個不計得失，投入真心去愛過的人。

✿放下自己，才能看到世界

旅行本身並不能讓人成長。如果你是怎樣的，你就帶著怎樣的視角去看世界，這樣看回來的，仍然還是你自己。太滿的自己是吸收不到任何東西的，帶著評判、挑剔的眼光去看異域，更是不會有任何收穫。只有放空自己，帶著好奇心去行走，才能讓我們從「看」到「看見」。

旅行的意義，是讓我們走出每天慣性生活的小圈子，去看看世界。聽聽別人的故事，讓自己變得渺小，讓煩惱變得渺小。

✿盡情地拍拍拍

拍照，就是每個人看世界的眼光。因此同樣的景色，在不同人的鏡頭下也會不同。雖然用心品味過的畫面會印刻在腦海，但如果花心思整理出來，配上文字，回顧每到一處的所思所感，就是二次旅行，豈不是賺了！這樣的禮物送給親朋好友，讓他們也和我們一樣經歷旅行，也是和他們互相理解溝通的好方式。

✿上當，那是在所難免的

出門在外，人不可能買的每一件東西都划算、住的每一個酒店都經濟實惠、走的每一條線路都充滿驚喜。偶爾搭錯車、迷了路、看了一場索然無味的表演、遇見不可理喻的人，只要在保證人身安全的前提下，有一點小的經濟損失，都不必放在心上。有時候，正是這種當時看起來不太愉快的經歷，反而成為日後的談資，豐富了自己的閱歷。

✿旅伴，可遇而不可求

結伴出行固然有很多好處，但能夠遇到有相同假期，有共同目的地的夥伴，實在是不容易的事情。

旅行開始變得淡定從容的標誌，是沒有了「必須」二字。沒有必須去到的地方；沒有必須拍照的景點；沒有必須吃到的東西；沒有必須的住宿條件。從五星級酒店到青年旅社和質樸的民宿都很好，甚至沒有必須一起行走的人。總之，我們不是為了在地圖上蓋滿腳印而行走，不要讓出行反過來成為增添疲憊的負擔。甚至到後來不一定要去哪兒，當下即菩提，人不走，心也可以旅行。

4 勇敢一點，去挑戰讓自己恐懼的事

有人問，怎樣才能改變自己，成為一個有趣的人。答案很簡單：

想要成為有趣的人，或是過有趣的生活，重點不見得是這個人的特質，而是區分出生活中的常規與非常規。每天做一件自己害怕甚至恐懼的事，敢於改變自己的人絕對是有趣的，因為他為自己帶來了新的眼界、新的世界。

想要擺脫無聊的生活和枯燥的工作，你就必須不斷地挑戰自己。面對挑戰，迫使自己離開舒適區。

心理學家研究發現：當人們覺得憑藉自己的能力，無法完成一件事或者將會搞砸一件事的時候，恐懼感就會由此產生。但是，假如你去嘗試，你就會發現，很多時候這種恐懼感其實是毫無依據的。

為了保護自己，我們的大腦會潛意識地阻止我們做一些有風險的事。事實上，當你將自己推向能力極限的時候，讓你感到恐懼的事就會開始減少。不要讓這些恐懼控制你一生，要讓它瞧瞧誰才是命運真正的主人。然後當你面對以前會使你感到畏懼的事時，便不再感到畏懼，此時你已然實現了一次超越。

你有過感到無能為力的時候嗎？在面對一些自己無能為力的事情時，你會感到恐懼嗎？對大多數人而言，答案是肯定的。

想像一下，你正乘著飛機在萬米高空中，遇到危險情況，必須要跳傘，這時大腦就會自動灌輸一些負面的資訊讓你無法順利跳傘，那是因為恐懼像種子一樣紮根在我們的頭腦中。但假如你此前有過很多年的跳傘經驗，大腦就不會有所顧忌，因為你的潛意識告訴你：跳傘不會有危險。

當你將自己推向能力極限的時候，讓你感到恐懼的事就會開始減少。其實所有的恐懼都是大腦出於保護自己的本能而產生的，而且那些未知的恐懼，可能並沒有你潛意識中認為的那樣危險。

有這樣一個故事：

一個人經過一個建築工地，那裡有三位建築工人，於是他分別問三個人在做什麼。第一個工人回答：「我正在砌一堵牆。」第二個工人說：「我正在蓋一座大樓。」第三個工人回答：「我正在建造一座城市。」十年以後，第一個工人還在砌牆，第二個工人成了建築工地的管理者，第三個工人則成了城市的領導者。

事實上，當初三個工人的處境幾乎都一樣，他們同樣踏實肯幹，對未來有著同樣美好的設想。只不過第一個工人被內心的恐懼阻止了，他認為理想是離現實太遙遠的東西；而第二個和第三個工人只是朝著理想多走了一步，多做了一些儘管最初讓自己有所畏懼的事情。比如勇敢地寄出了自己的設計圖紙，在適當的時候展示了自己的才能。

每天做一件令自己感到畏懼的事，這時體內會產生大量的腎上腺素，會讓你的精神充滿了動力，生活充滿了樂趣。而且假如你完成了原先認為做不到的事，你會過得更好，還能更好地控制你自己。所以當你面對以前會使你感到畏懼的事時，不再畏懼，你就實現了對自己的超越。

5 去另類課堂學技術

有趣的人一般都身懷絕技，這個技術可以很有用，比如做飯、手工、修電腦；也可以很奇特，比如快速拆書本塑封、三秒繫鞋帶、自帶女王氣場；甚至可以是難以用語言形容的絕世神技，比如跳巴西戰舞——卡波耶拉，穿五指鞋進行赤足跑，搜集幾十種音高的貓的叫聲，剪輯出一首《生日歌》等等。

我們該如何掌握這些技能呢，我們通常想到兩類內容。一類是講座、演出、聚會、酒會、派對；另一類是自己想辦法通過各種管道搜尋有用的資訊，比如上網看教學視頻、看書等等。前一類活動的本質是點對面的資訊分享，就是在臺上的人通過彙報、展示、表演，向在臺下的我們傳遞他們的資訊——這既像在大學裡聽課，又像在網上流覽名人的博客；後一類是點對點的資訊分享，我們能夠更靈活地搜尋到有用的資訊，但是自己實行起來並不容易。

這兩類行為能讓我們瞭解更多新的知識和技能，但是只有經歷才能讓我們真正把那些道理變成知識。而這樣的經歷在大部分時候都不會是什麼講座或者分享會，而是一些看似毫不相關的點滴經歷。例如被對手在拳臺上一個重拳擊倒在地；或是從十萬米的高空一躍而下。我們並不指望任何經歷一定能讓我們開悟，但如果存在開悟，那往往都是在這樣的點滴經歷中。

現在社會上有很多這樣的課堂，在週末時，行動起來去參加一個與眾不同的課堂，你就可以學習這些神技，結識到同樣有趣的朋友了。而這些獨特的經歷，可以豐富我們的人生，讓我們變得更有趣。

作為一個「生命在於折騰之人」，快去學習各種不同的新技能，開啟各項技能樹吧！

6 聽從內心的呼喚，做讓自己不後悔的選擇

我們的生活重複且馬不停蹄，還充斥著細細碎碎、數不清的煩惱。比如擁擠的交通、每日三餐的選擇、同事朋友的誤解、做不完的工作。總有人在抱怨自己選擇錯了：

「當初不選這份工作好了，總加班，根本沒有時間出去玩。」

「當初不選這個專業好了，沒什麼發展前途，以後工作怎麼辦。」

「當初不和那個人在一起好了，在一起時，什麼都沒給我買過。」

「不結婚好了，結婚後一點自由都沒有，跟想像的完全不一樣。」

「不要孩子好了，不僅花銷大而且還沒時間享受二人世界。」

……

其實沒有十全十美的選擇，不要在選擇時猶豫不決。

在人生的選擇中，得與失往往是無法比較的。如果看重的是親情，那麼是金錢都無法比擬的；如果看重的是事業，那麼又是親情所不能給予的。所以，既然選擇，不管今天失去了多少，受到了多少磨難都已經不太重要。因為人生的每一次選擇不在於最終的結果，而在於你的最初目的；不在於別人怎麼說，而在於你的人生目標。面對人生的每一種選擇，必定是有得有失，重要的是去追隨自己的內心。

世界因為多元而美麗，人生因為選擇而有趣。

很多人始終分不清金錢和工作的關係，將兩者混為一談，卻把金錢和理想的分開看得很重要，實在是奇怪的邏輯。我們要有把工作視作愛人的態度，和愛人談錢，遲早要出問題。往反面說，只要給足夠的錢，什麼工作都願意幹，這也是普遍存在的一個邏輯。但如果有個人出於特定理由確實非常需要錢，他可以這麼做，否則這實在是一筆愚蠢的買賣。個人獲得的是一筆固定的數字，但是付出的卻是理想和人生，而後者是無價的。

被動接受工作就是犯錯誤的開始，讓自己越來越被動。每天早上七點起床，你可能想，折磨的一天開始了，要把自己的才華浪費在一些無意義的事情上、和同事的鬥智鬥勇上、和領導的虛與委蛇上，然後不斷痛恨自己的工作。

在熬完上班時間完成了工作後，第一時間打卡下班，等待下一個這樣的工作日的開始。人的一輩子也就三萬多天，而大部分人就把自己的一萬多天花在了這樣周而復始的自我折磨上了。

工作是為了活得更好，或者說的更高遠一點，是活得充實，活得有理想，而不是自我折磨或者出賣自己的價值觀和理想。而我們始終追求的，應當是給予生活樂趣的工作，不是過去工作在未來生活的延續。

第十章 做個有情趣的人

1 找到自己的穿衣品味

現在很多人都不會打扮自己，覺得沒必要那麼在意，有的人卻覺得自己穿衣打扮得很好了，其實他們做得並不好。

為什麼說穿衣打扮很重要？這個問題要說清楚，在這個看臉的年代，長得好還要有才華；那長得不好就更需要包裝了。一個人穿衣服的品味，與其說是審美的種種區別，不如說是內心世界的一種反射。一個有趣的人一定是懂得穿衣打扮，懂得展現自己魅力的人。

有句老話說得好，人靠衣裝，佛靠金裝。大部分時候，當我們談論衣著的時候，我們是在談論衣著，而不是長得好看最重要。無論父母給你的長相如何，好的衣著品味始終可以重新塑造人，增強人的自信，也帶給他人愉悅，整體上提升一個人的氣質和評價。

一個人學會了穿衣打扮，將自己最好的一面呈現出來，給人的第一印象就會眼前一亮。現在找工作，雖然面試的時候面試官沒有直接說出來，但是那些會穿衣打扮的人，印象分就已經高出同等能力的人了。

要想找到自己的穿衣品味，首先要認識自己。

提高穿衣品味，在愉悅自己的時候也能愉悅他人，有利於自己的人際關係的發展。以下的技巧可以讓大家提高自己的穿衣品味。

✿放平態度

要想提高自己的穿衣品味，首先最重要的是要端正態度，懷著一顆持之以恆、不懈努力提升穿衣審美的心。畢竟穿衣的品味不是一天兩天就可以得到提高的，而是要日積月累地慢慢提升，所以，村姑變白富美的第一步就是端正學習穿衣的態度。

✿多看雜誌

多看看一些有關穿衣打扮的雜誌，即使裡邊提到的衣服大都買不起。沒關係，只要你堅持一段時間，看看裡邊人家為什麼那樣搭配，你會發現，不知不覺中自己也會一些簡單的搭配了。

✿利用網路

網上有許許多多賣衣服的店鋪，而且一般都由模特來進行衣服展示，多到網店上看看模特是怎麼搭配衣服的，不知不覺中也會對自己提升穿衣品味有所幫助。逛網店時記住自己的主要目的是看搭配、學搭配，把模特想像成自己，看看自己像模特那樣穿好不好，想想模特身上穿的還可以怎麼搭配。

✿逛逛商場

都說衣服看是看不出的，只有真正試穿了才知道是不是適合自己。所以，有空的時候不妨到商場逛逛，多試穿，知道自己穿哪一類型的衣服好看、穿哪一類型的衣服不好，慢慢培養自己的穿衣風格。

✿利用微博

微博上有很多博主都是專門發佈與穿衣打扮或街拍相關的文章，所以，喜歡玩微博的你不妨多關注幾個這種類型的博主，刷微博的時候也可以順道學習一下，這也是一個不錯的方法。

✿與身邊穿衣品味高的人多交往

不管你多麼不會搭配，你身邊總是會有對穿著很有心得的朋友，不妨多跟他們來往，多留意他們怎麼搭配的，多跟他們逛逛街，真的會對自己有所幫助。

✿學習色彩搭配

如果想深入學習的話，學習一下色彩搭配倒是一個不錯的選擇。在有了一定基礎之後再配以色彩搭配的知識，不僅衣服款式選得好，搭配也到位，絕對是提升穿衣品味的一大步。

✿找尋靈感繆斯——穿衣榜樣

多關注一些時尚達人、博主，如果不知道穿什麼，就從模仿開始做起。不過模仿對象也不是亂選的，要根據自身的條件和對方的相互比配，找尋和自己有相通性的榜樣。

✿求同存異溫故知新

有了穿衣榜樣，就要多模仿，多逛時尚類的網站，關注她們的資訊，把喜歡服裝的搭配保存下來，多欣賞，多看漂亮的街拍。這樣堅持下來，你的時尚品味將會有很大的提高。

✿找到自己的標誌性

打造出鮮明的風格，必須有自己的logo，所謂標誌性就是可以表達強烈的個人風格，這就是為什麼有人看一眼就知道你的風格。

✿適合自己的風格，才是最好的

風格是根據個人的氣質和性感所決定，還有體型的差異、身高的缺陷需要巧妙地避開。比如腿短需要怎麼穿？腰粗又怎麼搭配？除了這個，還要考慮自己的工作環境和行業。

勇於嘗試，不怕失敗。當然除了看，還需要你多嘗試，嘗試新的風格，不怕出錯，在嘗試中激進，找到適合自己的風格。

2 形成良好的閱讀趣味

俗話說看一個人就要看他交往的朋友和他讀的書，可見一個人所讀的書對一個人的影響還是十分之大的。讀書是一顆植入人心靈的種子，是為自己醞釀一生的生命之酒。一個人要變得豐盈、有趣，應該多讀書。

儘管讀書一直被視為人類的良師益友，但在資訊爆炸的時代，我們在參差不齊的書籍面前，如果不能形成良好的閱讀趣味，那閱讀極有可能成為相當耗損心力的垃圾食品。

老話說得好：「腹有詩書氣自華。」但如果你的腹中都是些垃圾食品的話，那麼，你身上散發的就不會是馥鬱的香氣，而是酸腐的臭氣了。

閱讀一些低品質的網路小白文會讓你變「low」。

小白文一般來說是用於形容網路小說，通常情節簡單，沒有小說基本的起承轉合結構，反覆灌充無意義的字數，使小說內容臃腫、橋段極度套路化、缺乏思想性、內容淺白，一般見於網路小說。這些文采較次的文章，其文筆比較通俗，非常容易受到讀者歡迎。

這看起來沒什麼，可是如果你的腦子都充滿了這些東西，拿什麼想解題思路？拿什麼想學習方法？而且這會讓一個女生顯得很膚淺，肚子裡除了情情愛愛，沒有任何內涵可言。

若有充足閱讀，你就不會輕易地成為烏合之眾。

你可以用以下的閱讀方法形成良好的閱讀趣味：

（1）人都是不滿足於現狀，渴望新鮮的事物和刺激的。所以當我們喜歡一類書時，比如小說，我們就應該通過網路搜索到一切這個類別的書，將這個類別的書儘量多看。當粗製濫造的書看到了一定數量時，我們便明白了它的奧秘，它便激不起我們的閱讀欲望了，我們自然會尋找更優秀的書籍來看。

（2）我們可以通過某個管道找到好書：第一，通過網路搜索好書排行榜；第二，在圖書電商網站看排行榜；第三，可以在網站看評分榜；第四，多多留意電視節目或者是讀書過程中名人推薦的書目，順手記下來。

一個人的閱讀品味提高了，也就說明一個人的思想成長了。所以希望大家不要放過手邊可以利用的一切資源，閱讀起來吧。

3 培養一兩個陶冶情操的愛好

有些人因為受到自己專業與生活範圍所影響，並沒有把自己感到有興趣的圈子真正打開。記住，不能對凡事皆無興趣，這是絕對很嚴重的事。

你的生活無趣，是因為你沒有自己的興趣愛好。

愛好可以讓一個人在這個世界上活出自己的真性情，找到生活中的樂趣。讓你擁有更多的正能量，看見生活中的美好，感悟美好，將美傳遞下去。愛好也可以使一個人在人群中凸顯出來，讓人的靈魂熠熠生輝。

也許有的愛好不能為你帶來名與利，但是它可以為你帶來一段屬於自己的、滿足的、愉悅的時光。

有興趣愛好的人，都能夠活出自己的真性情。有人在花花草草中體悟出自然之美；有人在運動健身中遇見了更美好的自己；有人在讀書寫字中，感悟思考人生；有人在廚房研究廚藝，讓自己和所愛之人品味愛與用心的味道。

美劇《歡樂合唱團》裡的老師Mr.Shu曾經說過一句話，大概意思是：「這些熱愛歌唱的孩子們，也許最終長大並不能成為歌星，但是可以在演唱中，變得更加自信，可以認識到自己其實是優秀的。讓每個人散發著光芒，在愛好中感受快樂與友誼。」

也許每一個毫不起眼的愛好，都能夠帶領人到達一個全新的世界。在這裡，你可以抵禦世界的殘酷與寒冷。在愛好中，體會美，感悟人生，讓你自己變得更加美好。也因為你的美好，可以讓這個世界變得更溫暖、更好。

可以選擇的興趣愛好都有哪些？

既然是愛好，自然是有興趣才會做，也更容易堅持。興趣愛好有很多，這裡介紹一些例子。

（1）運動：女孩可以選擇跳舞、瑜伽這樣既能讓身體健康，身材又能練好；而男孩則可以選擇球類、武術、健身等。另外還有一些溜冰、游泳等娛樂性更強的活動。

（2）DIY：DIY的意思就是自己動手做。比如自己生活中用的小東西、小用品，在DIY的概念形成之後，也漸漸興起一股與其相關的周邊產業，越來越多的人開始思考如何讓DIY融入生活。DIY能讓你心靈手巧，如果延伸起來還會讓你掌握許多技能。比如DIY的電腦從一定程度上為用戶省卻了一些費用，而且許多簡單的硬體問題都可以自己解決。

（3）音樂：音樂很熱門，如果掌握了幾樣樂器，既可自娛自樂，又可讓人刮目相看。

（4）影視娛樂：可以看一些國外的電影、電視劇。我想很多人都有自己獨特的喜愛，比如歐美、韓劇等等，如果由此引發出你對英語、韓語感興趣的話，是不是更有學語言的動力了。

（5）服飾：運動、正式、休閒的都有自己的扮酷、搭配方法，但生活中不會穿衣服的人可不少，如果有興趣研究一下，成為一個搭配達人也很不錯。

（6）閱讀：書籍、雜誌等，看些有益的東西，閱讀的同時能增加不少知識。同時參考專門介紹興趣愛好的書籍，可以買一本看一下。

（7）園藝、飲茶、寫生、攝影、物理、化學專業方面等等。

（8）不要說你會聊QQ、逛街、會玩網路遊戲、每天晚上睡不著抱著手機看玄幻小說等也算是興趣愛好，我個人認為這是娛樂，和有益的愛好還是有一定區別。當然如果你能從中學到一些特長，那另當別論了。

興趣愛好方面有很多，不只這些。這裡只是舉一些比較大眾化的例子。

怎樣培養興趣愛好？

（1）知識儲備是興趣愛好的基礎，知識越豐富的人，興趣也越廣泛；而知識貧乏的人，興趣也是貧乏的。

（2）從娛樂中發展愛好，不要只甘心於娛樂。比如喜歡看韓劇，天長日久你對韓語也會有興趣，那麼幹嘛不學會呢？

（3）酒逢知己千杯少，話不投機半句多。一個志趣相投的人很重要，他的一些行為可能對你影響很大，在一起的時間長了，他的興趣也就變成了你的興趣了。同樣的道理，培養多種多樣的興趣和愛好，可以多結交一些擁有這類優點的朋友，你會無形中被他感染的。

（4）根據自身的興趣特點，培養優良的興趣品質。由於所有的人所處的環境、所受的教育及主體條件各不相同，所以感興趣的事物也各不同。

4 生活除了賺錢，還有很多有意思的事

早上七點起床，七點半出門擠捷運，九點到辦公室開始工作，下午六點下班，擠捷運回家……最高興的是發薪水的日子。

總結起來就是一個公式：生活＝工作賺錢。所以，除了吐槽工作的壓力、老闆的摳門，很多人再沒什麼事可做。

前段時間很火的《小別離》是一部很真實的片子。它講述了我們都經歷過的應試教育，也聊了城市中產階級的中年危機。劇中演員演技線上，故事流暢，還提出了一連串尖銳的問題：中考、高考、出國、中年失業、婚外情……這一切，都足以讓《小別離》成為一部好片子。

但是這部劇看下來會讓人很不舒服，甚至越看心情越沉重。因為這些內容太過於功利，劇中主人公們的人生目標就是賺更多的錢，把孩子送出國。結果在這些功利性目的的驅使下，人們變得焦慮、暴躁、煩惱、痛苦……錯過太多溫暖和有趣。

為了生活，我們必須賺錢。但除了賺錢，我們還應該做點有意思的事，讓自己的心靈富足，讓人生更有意思。新週刊雜誌社出版的《做點無用的事》中有一句話說：「做點跟升官、發財、成名沒關係的事，做點跟自己的情感和精神有關的事……」

去做點看似無用但好玩的事可以陶冶情操，豐富我們的精神世界。

美國心理學家約翰・列儂說：當我們正在為生活疲於奔命的時候，生活已經離我們而去。很久以來，越來越快的生活節奏讓我們迷失在無休無止的追逐中。到底什麼才是我們想要的？人有時候像人世蒼茫中的孤舟，我們多麼需要一個寧靜的海島，安心地享受這個世界賜予我們的一切：藍天白雲、叢林飛鳥，以及藝術和娛樂。那麼，去看雲卷雲舒、去聽鳥語聲聲、做「沒用」的事，收穫最有用的幸福。

有人喜歡打乒乓球；有人喜歡打橋牌；有人喜歡織毛衣……這些有大智慧的人，同樣也有小情趣。這些可愛的喜好，還原了一個偉大人物最簡單樸素的內心。其實，我們每個人的內心都像孩子一樣柔軟和單純，我們渴望放鬆自己，獲得快樂的生命體驗。那麼，不如像孩子一樣，遊戲、娛樂、做「沒用」的事，重新找回那些被我們忽略的美好。

學會做「沒用」的事，才會擁有更豐富的生活內容。你的人生才會精彩紛呈，擁有更多愉悅的生活體驗。當你老了，那些「沒用」的事會成為最溫馨的回憶。那時候，你的嘴角噙著一抹笑意，靜靜地回味美好的往昔，心情該是何等充實和滿足啊。

無用，是讓腳步暫停等靈魂跟上；無用，是不功利更本真地享受生活；無用，是與社會和自己和解，以樂趣戰勝焦慮，以平和的心態迎來新的人生境界。

去做你喜歡做的事，而不是最賺錢的事。
去跟你喜歡的人在一起，而不是特有錢的人。
去勇於嘗試人生的失敗，而不是成功。
去做最沒效率的事，而不是投機取巧。

去走最難走的路，而不是好走的路。

去做最值得做的事，哪怕最終窮困潦倒。

所以別再把功利放在心裡，有很多事情比賺錢更有樂趣。當你心情放鬆下來，安靜的，不那麼浮躁。你就會發現，原來人生還有比拜金更有樂趣的事情。

5 把時間浪費在美好的事情上

現在很多人沒事都會不由自主地拿出手機刷微信朋友圈，把很多時間都浪費在這上面，而這些軟體還不斷地通過更多方式抓住我們的時間。

在移動互聯網高速發展的今天，我們都會有這樣的感覺，一天時間過得太快了。我們的碎片時間越來越不經用，上上網，玩玩手機，一天就過去了。每個人一天始終只有廿四小時，而我們很多時間都在幹無意義的事。

「得到」App創始人羅振宇說，未來有兩種生意的價值變得越來越大：一是幫助用戶省時間；二是幫助用戶把時間浪費在美好的事情上。

這雖然是一句不錯的廣告詞，但是說得很有道理。面對越來越枯燥的世界，我們要懂得把時間浪費在美好的事物上。

時間管理很重要，那會讓你在有限的生命裡豐富它的寬度。

演員陳道明從小彈得一手好鋼琴，只要在家，他每天寫完作業，要彈上兩三個小時，興致高時會彈四五個小時。他有一台珍藏版電子鋼琴，無論去哪兒都會帶著，在外拍戲間隙就會用它來代替鋼琴。鋼琴成了他最私密的朋友，一有鬱結之事，他就會用鋼琴練習來排解心中的鬱悶。

中年後，他愛上了畫畫，沒有門派，不講什麼章法。一有時間，他就磨好墨汁，鋪好宣紙，手握畫筆，然後打開地圖，回想拍戲到過的地方，然後揮筆潑墨畫山水。畫好後貼在書房的牆上，一遍遍觀賞、修改。他覺得書法很精妙，慢慢也迷上了。最喜歡用毛筆抄寫《道德經》之類的古籍，一邊抄寫，一邊默讀，很有意思，他一寫就是大半天。

他也鍾情於棋藝。從圍棋、象棋、國際象棋到軍棋、跳棋、鬥獸棋、飛行棋、五子棋、華容道棋……樣樣精通。

偶爾，他也會寫點東西。在雨雪天，他願意一個人寫點東西。整理好自己的心境，看著窗外的飄雪，身上披著棉襖，身後一盞紙糊燈罩的燈，一支煙燃著，但不吸。手裡一支沉甸甸的筆，寫一句，思三思，踱五步，就這樣一天就過去了，也不覺得無聊。

陳道明還喜歡手工，他的家裡有一個很大的房間專門用來放置糖人、麵人、木工、裁縫所用的工具，這幾項手工活還算拿手。

當然，他也會為妻子縫製各種皮質包包。妻子四年前退休了，閒暇時，陳道明就和妻子一塊研究手工。妻子喜歡弄點十字繡之類的，他們夫妻倆就同坐窗下，妻子繡些花草，陳道明則裁剪皮包。就這樣，窗外落葉無聲，屋內時光靜好，很有一種讓人心動的美感。

美！美得讓人心動！大明星最幸福的時光，竟是這一隅的閒事，無關乎頒獎載譽，無關乎名車美墅。在充滿功利的社會裡，他給自己留了一個可以盡情享受片刻美好時光的房間。

學會利用自己的時間真的很重要，那會讓你在有限的生命裡豐富它的寬度。然後，讓我們一起把更多的時間浪費在美好的事物上吧。

無論是您閒的午後喝一杯咖啡、看一頁書這樣簡單而又美好的事情，還是一起背起行囊進藏這樣神聖而又美好的事情。

無論是觀察螞蟻怎麼與同伴打招呼這樣微小而又美好的事情，還是探索北極與南極哪個更冷這樣宏大而又美好的事情。

無論是去芬蘭或北歐國家追極光這樣奇妙而又美好的事情，還是去倫敦發現奇趣隱藏觀光點這樣悠閒而又美好的事情。

願您把生命都浪費在美好的事情上。

有趣的人才有詩和遠方

作者： 蘇琴
發行人：陳曉林
出版所：風雲時代出版股份有限公司
地址：10576台北市民生東路五段178號7樓之3
電話：(02) 2756-0949
傳真：(02) 2765-3799
執行主編：朱墨菲
美術設計：吳宗潔
業務總監：張瑋鳳

初版日期：2024年11月
版權授權：蔡雷平
ISBN：978-626-7510-12-4

風雲書網：http://www.eastbooks.com.tw
官方部落格：http://eastbooks.pixnet.net/blog
Facebook：http://www.facebook.com/h7560949
E-mail：h7560949@ms15.hinet.net
劃撥帳號：12043291
戶名：風雲時代出版股份有限公司

風雲發行所：33373桃園市龜山區公西村2鄰復興街304巷96號
電話：(03) 318-1378
傳真：(03) 318-1378
法律顧問：永然法律事務所 李永然律師
北辰著作權事務所 蕭雄淋律師

行政院新聞局局版台業字第3595號 營利事業統一編號22759935

定價：340元

國家圖書館出版品預行編目資料

有趣的人才有詩和遠方 / 蘇琴著. -- 初版. -- 臺北市：風雲時代出版股份有限公司, 2024.10　面；　公分

ISBN 978-626-7510-12-4 (平裝)
1.CST: 自我實現 2.CST: 生活指導 3.CST: 人生哲學

177.2　113012126